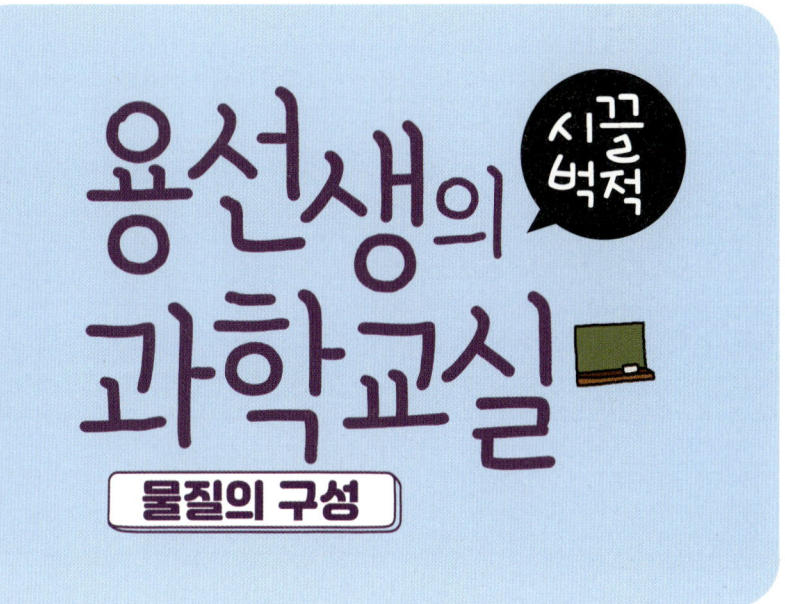

사회평론

글 사회평론 과학교육연구소
대학에서 오랫동안 과학을 연구한 전문가들이 모여, 우리 아이들이 쉽고 재미있게 공부할 수 있는 책을 만들고 있습니다.

글 송민수 (사회평론 과학교육연구소 연구원)
연세대학교에서 천문우주학과 사학을 복수 전공하고, 같은 대학교 교육대학원에서 역사 교육으로 석사 학위를 받았습니다. 아이들에게 유익하고 재미있는 과학 교육 콘텐츠를 개발하는 데 관심이 많으며, 현재 사회평론 과학교육연구소 연구원으로 과학책을 만들고 있습니다.

글 이명화 (사회평론 과학교육연구소 연구원)
서울대학교 물리교육과를 졸업하고 같은 대학교 대학원에서 석사, 박사 학위를 받았습니다. 10여 년간 중학교에서 과학을 가르쳤으며, 미국 아리조나 주립대에서 물리학으로 박사 학위를 받고 독일, 미국, 영국에서 연구원으로 근무하였습니다. 쉽고 재미있는 과학책을 쓰는 일에 관심을 갖고 있으며, 현재 사회평론 과학교육연구소 연구원으로 과학책을 만들고 있습니다.

글 김형진 (사회평론 과학교육연구소 연구원)
연세대학교 천문대기과학과를 졸업하고 같은 대학교 대학원에서 석사, 박사 학위를 받았습니다. 과학자를 꿈꾸는 아이들에게 올바른 과학 개념과 과학적 태도를 함께 키울 수 있는 방법을 전달하기 위해 노력하고 있습니다. 현재 사회평론 과학교육연구소 연구원으로 과학책을 만들고 있습니다.

글 설정민 (사회평론 과학교육연구소 연구원)
서울대학교 생물학과를 졸업하고 같은 대학교 대학원에서 석사 학위를 받은 뒤 박사 과정을 수료하였습니다. 아이에게 과학을 쉽고 재미있게 얘기해 주려 노력하다 보니 어린이를 위한 책을 만드는 일에도 관심을 가지게 되었습니다. 현재 사회평론 과학교육연구소 연구원으로 과학책을 만들고 있습니다.

그림 김인하
시각디자인을 전공하고 1999년 월간지에 만화를 연재하며 작품 활동을 시작하였습니다. 《건방진 우리말 달인》, 《똑똑한 어린이 대화법》 등에 그림을 그렸습니다. 이 책을 읽는 어린이들의 밝은 미래를 기원합니다.

그림 뭉선생
2004년 LG 동아 국제만화 공모전에 입상하며 작품 활동을 시작했습니다. 그린 책으로 《조지의 우주를 여는 비밀 열쇠》 시리즈, 《용선생 만화 한국사》 시리즈, 《용선생 처음 한국사》 시리즈, 《용선생 처음 세계사》 시리즈 등이 있습니다.

그림 윤효식
2002년 《소년 챔프》에 〈신검〉으로 데뷔하여 어린이에게 유익한 학습 만화를 그리고 있습니다. 그린 책으로 《마법천자문 사회원정대》 시리즈, 《용선생 만화 한국사》 시리즈, 《용선생 처음 한국사》 시리즈, 《용선생 처음 세계사》 시리즈 등이 있습니다.

감수 노석구
서울대학교 화학교육과를 졸업하였으며 같은 대학교 대학원에서 석사, 박사 학위를 받았습니다. 한국교육개발원 연구원을 거쳐 현재 경인교육대학교 과학교육과 교수로 재직 중입니다. 집필한 책으로 《초등과학 교수 학습 지도안 작성을 위한 수업컨설팅》, 《놀이를 활용한 신나는 교실 수업》 외 다양한 과학 교과서와 지도서 등이 있습니다.

캐릭터 이우일
홍익대학교에서 시각디자인을 공부한 만화가입니다. 그림책 작가인 아내 선현경, 딸 은서, 고양이 카프카와 함께 그림을 그리고 글을 쓰며 살고 있습니다. 지은 책으로 《우일우화》, 《옥수수빵파랑》, 《좋은 여행》, 《고양이 카프카의 고백》 등이 있고, 그린 책으로 《노빈손》 시리즈, 《용선생의 시끌벅적 한국사》 시리즈, 《교양으로 읽는 용선생 세계사》 시리즈 등이 있습니다.

용선생의 시끌벅적 과학교실

물질의 구성

글 사회평론 과학교육연구소 | 그림 김인하·뭉선생·윤효식 | 감수 노석구 | 캐릭터 이우일

알록달록한 촛불의 비밀은?

사회평론

프롤로그

여러분, 안녕? 과학반을 맡은 용선생이야. 내 명성은 익히 들어 봤겠지? 역사반과 세계사반을 모두 훌륭하게 성공시키며 방과 후 교실 최고의 인기 교사가 된 그 용선생이란다. 교장 선생님께서 특별히 부탁하셔서 이번에는 과학반을 맡게 되었어. 어찌나 사정을 하시던지 도무지 거절할 수가 없었지 뭐야. 그래서 이 몸이 깜짝 놀랄 수업을 준비했단다.

우리의 수업은 언제나 질문과 함께 출발해. 세상을 둘러보다가 누군가 "저건 왜 그래요?" 하고 질문하면 바로 그 순간 수업이 시작되는 거지. 이제부터 용선생의 시끌벅적 과학교실을 제대로 즐기는 방법을 하나씩 알려 줄게.

첫째, 과학반 친구들과 함께 호기심을 갖고 질문해 봐. 과학을 어렵게만 생각하지 말고, 매 교시마다 아이들이 어떤 호기심을 가지는지 관심을 가져 봐. 과학반 친구들과 함께 '왜 그럴까?', '어떻게 알아낼 수 있을까?' 고민하다 보면 어렵던 과학도 쉽게 느껴질 거야.

둘째, 어려운 내용은 사진과 그림으로 이해해 봐. 어려운 과학 개념과 원리를 한 장의 사진이나 그림을 통해 단숨에 이해할 수도 있어. 그래서 너희를 위해 사진과 그림을 많이 준비했단다. 글을 읽다가 어렵다 싶으면 옆에 있는 사진과 그림을 봐. 잘 이해되지 않던 내용이 틀림없이 술술 이해될 거야.

셋째, 배운 내용을 되새기며 머릿속에 정리해 봐. 왁자지껄한 수업을 마치고 나면 뭘 배웠는지 정리가 안 될 때도 있을 거야. 그럴 때를 대비해 중간중간 핵심 정리를 준비했어. 또 배운 내용을 4컷 만화로 재미있게 요약해 두었지. 게다가 교시가 끝날 때마다 나선애의 정리노트도 마련했단다. 이 정도면 학습 정리는 문제없겠지?

과학은 분야도 다양하고 배울 내용도 아주 많아. 쉽게 이해할 수 있는 부분도 있지만, 여러 번 곰곰이 생각해 봐야 알 수 있는 부분도 있지. 이 책을 여러 번 다시 읽다 보면 구석구석 빠짐없이 모두 이해될 거야.

자, 이제 용선생의 시끌벅적 과학교실을 제대로 즐길 준비가 됐겠지? 그럼 신나는 수업을 시작해 볼까?

차례 | 물질의 구성

1교시 | 물질

자전거 타이어를 고무로 만드는 까닭은?

물질을 소개할게! … 12
물질에는 어떤 성질이 있을까? … 15
자전거 타이어는 왜 고무로 만들까? … 20

나선애의 정리노트 … 24
과학퀴즈 달인을 찾아라! … 25
용선생의 과학 카페 … 26
  - 또 다른 물질, 실리콘 고무!

교과연계
초 3-1 물질의 성질 | 중 2 물질의 구성

3교시 | 물질의 분류

색색의 소금은 어떻게 만들어졌을까?

소금의 색깔이 다양한 까닭은? … 47
또 다른 순물질과 혼합물을 알려 줘! … 50
화합물과 혼합물은 무엇이 다를까? … 53

나선애의 정리노트 … 56
과학퀴즈 달인을 찾아라! … 57

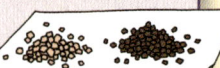

교과연계
초 3-1 물질의 성질 | 초 4-1 혼합물의 분리 |
중 2 물질의 특성

2교시 | 원소

촛불색이 알록달록한 까닭은?

초에 들어 있는 물질은? … 30
일상생활에서 원소를 찾아라! … 34
생일 초의 불꽃색이 다양한 까닭은? … 36

나선애의 정리노트 … 40
과학퀴즈 달인을 찾아라! … 41
용선생의 과학 카페 … 42
  - 원소 이름은 어떻게 지어졌을까?

교과연계
초 3-1 물질의 성질 | 중 2 물질의 구성

4교시 | 원자

세상 모든 것을 이루는 알갱이의 정체는?

알갱이로 이루어진 세상! ··· 60
원자 안을 들여다보면? ··· 64
원자핵과 전자의 또 다른 특징은? ··· 66

나선애의 정리노트 ··· 72
과학퀴즈 달인을 찾아라! ··· 73

교과연계
초 3-1 물질의 성질 | 중 2 물질의 구성

6교시 | 이온

이온 음료에 녹아 있는 입자는?

이온을 소개할게! ··· 93
우리 주변에 있는 이온은? ··· 96
보이지 않는 이온을 확인하려면? ··· 98

나선애의 정리노트 ··· 102
과학퀴즈 달인을 찾아라! ··· 103
용선생의 과학 카페 ··· 104
 - 옛날 사람들도 앙금 생성 반응을 이용했다고?

교과연계
초 3-1 물질의 성질 | 중 2 물질의 구성

5교시 | 분자

사탕을 계속 쪼개도 단맛이 날까?

설탕 맛을 내는 가장 작은 입자는? ··· 77
우리 주변에 있는 분자는? ··· 79
분자를 이루는 원자의 개수가 다르면? ··· 81

나선애의 정리노트 ··· 86
과학퀴즈 달인을 찾아라! ··· 87
용선생의 과학 카페 ··· 88
 - 한 개의 원자로 이루어진 분자들의 특징은?

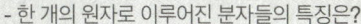

교과연계
초 3-1 물질의 성질 | 중 2 물질의 구성

가로세로 퀴즈 ··· 106
교과서 속으로 ··· 108

찾아보기 ··· 110
퀴즈 정답 ··· 111

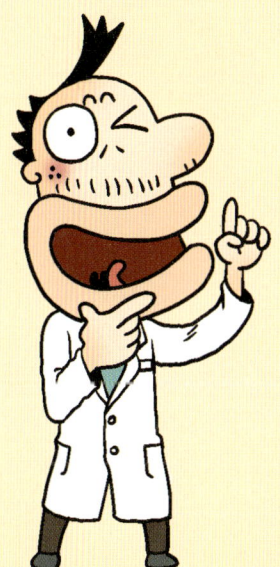

등장인물

용쓴다 용써!
용선생

- 체력 ★★★
- 지력 ★★★★★
- 감성 ★★★
- 호기심 ★★★★★
- 유머 ★★

열정이 가득한 과학 선생님. 하늘을 향해 거침없이 솟은 머리카락과 삐죽삐죽한 수염이 매력 포인트. 생생한 과학 수업을 하기 위해 물불을 가리지 않는다.

장하다 장해!
장하다

- 체력 ★★★★★
- 지력 ★
- 감성 ★★★★
- 호기심 ★★★★★
- 유머 ★★★★★

'튼튼하게만 자라 다오.'라는 아버지의 소원대로 튼튼하게 자랐다. 성격은 일등, 성적은 비밀이다. 시험을 못 봐도 씩씩하고, 엉뚱한 질문으로 수업에 활력을 준다.

오늘도 나선다!
나선애

- 체력 ★★★★
- 지력 ★★★★
- 감성 ★★★
- 호기심 ★★★★★
- 유머 ★★★

과학자를 꿈꾸는 우등생. 공부도 잘하고 아는 게 많아서 모든 일에 앞장서는 타입이다. 겉으로는 차가워 보이지만 내심 따뜻한 면도 가지고 있다. 전혀 티가 안 나서 그렇지.

잘난 척 대장
왕수재

- 체력 ★★★
- 지력 ★★★★
- 감성 ★
- 호기심 ★★★★★
- 유머 ★

세상에서 자기가 제일 잘난 줄 안다. '천재는 외로운 법이고 질투의 대상인 법'이라나. 친구들에게 깐족거리는 데에도 천재적이다. 그래도 수업에는 늘 적극적으로 참여한다.

낭만 가득
허영심

체력 ★★★★
지력 ★★★
감성 ★★★★★
호기심 ★★★★
유머 ★★

감성이 풍부해도 너무 풍부하다. 떨어지는 낙엽이나 밤하늘의 별을 보며 눈물짓고, 조그만 벌레와 대화를 나누는 사차원 성격. 하지만 누구보다 정이 많고 낭만적이다.

과학반 귀염둥이
곽두기

체력 ★★★
지력 ★★★★
감성 ★★★★
호기심 ★★★★★
유머 ★★★★

형과 누나들의 귀여움을 독차지하는 과학반 막내. 나이도 가장 어리고 타고난 동안이라 언뜻 보면 유치원생 같다. 훈장 할아버지 덕에 어려운 단어를 줄줄 꿰고 있다.

우리를 찾아봐!

고무
힘을 받으면 모양이 쉽게 변하는 물질이야. 자전거 타이어를 만들 때 쓰여.

산소
사람이 숨을 쉴 때 꼭 필요한 산소 기체를 이루는 원소야.

금
산소나 물과 잘 반응하지 않고 광택이 오래 유지되는 물질이야.

질소 분자
질소로 이루어진 분자야. 다른 물질과 잘 반응하지 않는 성질이 있어.

아이오딘화 이온
공장 폐수에 납 이온이 남아 있는지 확인할 때 쓰는 이온이야.

앙금
물에 녹지 않는 물질이야. 특정한 양이온과 음이온이 만날 때 만들어져.

1교시 | 물질

자전거 타이어를 고무로 만드는 까닭은?

자전거 타이어에 펑크가 났나 봐!

왜 자전거 타이어는 펑크가 잘 나는 고무로 만들까?

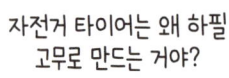

나선애가 과학실로 들어오는 장하다를 보며 키득키득 웃었다.

"장하다! 오늘 지각해서 벌 청소했다며?"

"응……. 자전거를 타고 학교로 오다가 타이어에 펑크가 났지 뭐야. 자전거를 끌면서 학교까지 걸어오느라 늦었어."

장하다가 한숨을 내쉬고는 말을 이었다.

"자전거 타이어는 왜 하필 펑크가 잘 나는 고무로 만드는 거지?"

 **물질을 소개할게!**

그때 용선생이 대화에 불쑥 끼어들었다.

"자전거 타이어를 고무로 만드는 까닭이 궁금하구나! 그렇다면 오늘은 물질에 대해서 알아봐야겠는걸?"

"물질이요? 그게 고무랑 무슨 상관인데요?"

"고무는 물질의 한 종류이거든. 물질에 대해 잘 알게되면 너희 궁금증이 자연스럽게 풀릴 거야."

"그렇군요."

"물질은 물체를 만드는 재료를 말해. 우리 주위에 책, 실험 바구니, 책상, 칠판, 가방, 시계, 필통 등 다양한 물체가 있지? 여기서 책의 재료인 종이, 실험 바구니의 재료인 플라스틱 등이 바로 물질이야."

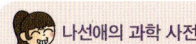

나선애의 과학 사전

물체 물건 물(物) 몸 체(體). 모양이 있고 공간을 차지하는 것을 말해.

"고무는 자전거 타이어의 재료이니까 물질인 거군요!"

"그래. 자물쇠를 만들 때 쓰는 금속도 물질이란다. 창문의 재료인 유리, 책상의 재료인 나무도 모두 물질이지."

"오호, 우리 주변에 여러 가지 물질이 있네요."

"그런데 얘들아, 나무로 책상만 만들까?"

"아니요. 컵라면을 먹을 때 쓰는 나무 젓가락도 나무로 만들어요."

"제 야구 방망이도 나무로 만들어졌고요!"

"그렇지? 이처럼 한 가지 물질로 여러 가지 물체를 만들 수 있단다."

▲ 여러 가지 물체를 이루는 물질들

용선생이 화면에 표를 띄우자 장하다가 말했다.

"정말이네요. 한 가지 물질로 다양한 물체를 만들 수 있군요!"

핵심정리

물질은 물체를 만드는 재료야. 물질의 종류에는 나무, 금속, 플라스틱, 고무, 유리, 종이 등이 있어.

 ## 물질에는 어떤 성질이 있을까?

"그런데 말이야. 물질은 종류마다 성질이 서로 달라."

용선생이 서랍에서 막대 네 개를 꺼냈다.

▲ 금속, 나무, 플라스틱, 고무로 이루어진 막대

"이건 금속, 나무, 플라스틱, 고무로 만든 막대야. 각각 한 가지 물질로 만들었고, 모양과 크기가 같기 때문에 관찰이나 실험을 하면서 물질의 성질을 알아보기에 좋지."

그때 장하다가 막대를 하나씩 들었다 놓으며 말했다.

"흠, 나무 막대랑 플라스틱 막대는 가볍네요. 금속 막대는 좀 무겁고요."

"하다가 말한 것처럼 플라스틱과 나무는 금속보다 가벼운 편이란다. 또 플라스틱과 고무는 만져 보면 감촉이 부드럽지. 막대의 겉모습도 한번 유심히 살펴볼래?"

용선생의 말에 아이들이 막대를 하나씩 집어 들었다.

"금속 막대는 겉 부분이 빛나요."

"잘 봤어. 물체의 겉 부분이 빛을 받아 반짝이는 걸 광택이라고 해. 광택은 금속의 성질 중 하나이지."

"나무에는 무늬가 있고, 색깔도 얼룩덜룩한데요?"

"좋은 냄새도 나요!"

왕수재와 곽두기가 번갈아 말했다.

"전부 나무의 성질이야. 나무는 나무만의 고유한 무늬와 향을 지녀. 그럼 이쯤에서 물질의 또 다른 성질을 알아보자. 막대를 서로 긁어 봐."

허영심과 나선애가 나서서 막대를 긁었다.

▲ 금속으로 만든 미끄럼틀 겉 부분은 광택이 있어.

▲ 나무 겉 부분에는 고유한 무늬가 있어.

▲ 플라스틱 막대로 고무 막대를 긁을 때　　▲ 플라스틱 막대로 금속 막대를 긁을 때

"고무 막대는 금속 막대, 나무 막대, 플라스틱 막대로 긁는 족족 긁힌 자국이 남아요."

"고무 막대 다음으로 나무 막대가 잘 긁혀요. 플라스틱 막대는 금속 막대에만 잘 긁히고, 금속 막대는 무엇으로 긁든 자국이 거의 안 남아요!"

아이들이 앞다퉈 말하자 용선생이 고개를 끄덕였다.

"막대가 긁히는 정도가 다른 건 물질마다 단단한 정도가 달라서야. 물질이 단단할수록 덜 긁혀."

"그럼 이 중에서 금속이 가장 단단한 거네요?"

"그래. 플라스틱도 단단한 편이고, 고무는 가장 덜 단단하지. 자, 그럼 다른 성질도 알아볼까? 막대 양 끝을 잡고 구부려 보렴."

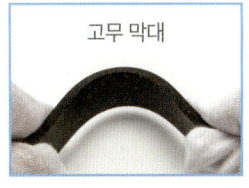  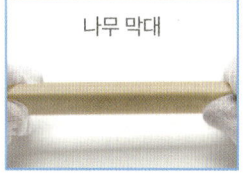 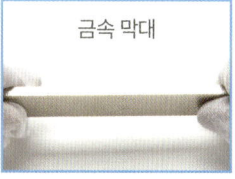

고무 막대　　플라스틱 막대　　나무 막대　　금속 막대

▲ 막대를 구부릴 때

"오호, 고무 막대가 다른 막대들보다 잘 구부러져요."

왕수재가 양손으로 고무 막대를 구부린 채 말했다.

"고무는 힘을 받으면 모양이 쉽게 변하는 성질이 있어서 잘 구부러져. 고무 막대를 잡은 손 하나를 놓아 볼래?"

"손을 놓으니 다시 원래 모양으로 돌아왔어요!"

"그래. 고무는 힘을 받으면 모양이 변했다가 힘이 사라지면 원래 모양으로 돌아오는 성질이 있어. 참, 고무장갑을 끼고 접시를 잡으면 접시가 잘 미끄러지지 않지? 고무는 다른 물질과 닿아 있을 때 잘 미끄러지지 않는 성질도 있단다."

말을 마친 용선생이 수조를 가져와 물을 가득 담았다.

"이제 물에 뜨는 성질을 비교해 보자. 수조 안에 막대를 넣어 볼게."

▲ 고무장갑을 낀 손으로 접시를 잡으면 접시가 잘 미끄러지지 않아.

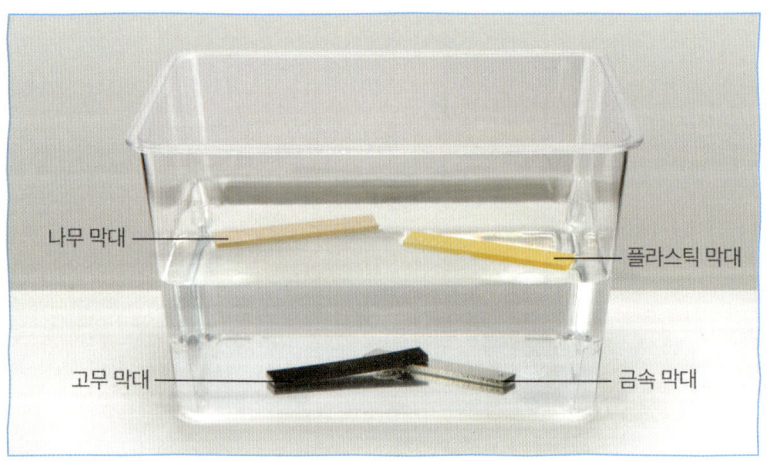

▲ 막대를 물에 넣을 때

"나무 막대랑 플라스틱 막대는 물에 둥둥 뜨고 고무 막대랑 금속 막대는 물에 가라앉아요."

"그래. 나무와 플라스틱은 물에 뜨는 성질이 있고, 고무와 금속은 물에 가라앉는 성질이 있어. 이처럼 물질은 종류에 따라 물에 뜨고 가라앉는 성질도 달라."

"모양과 크기가 같아도 물질의 종류가 다르니까 성질이 저마다 다르네요."

"그렇지? 몇 가지 물질의 성질을 더 보여 줄게."

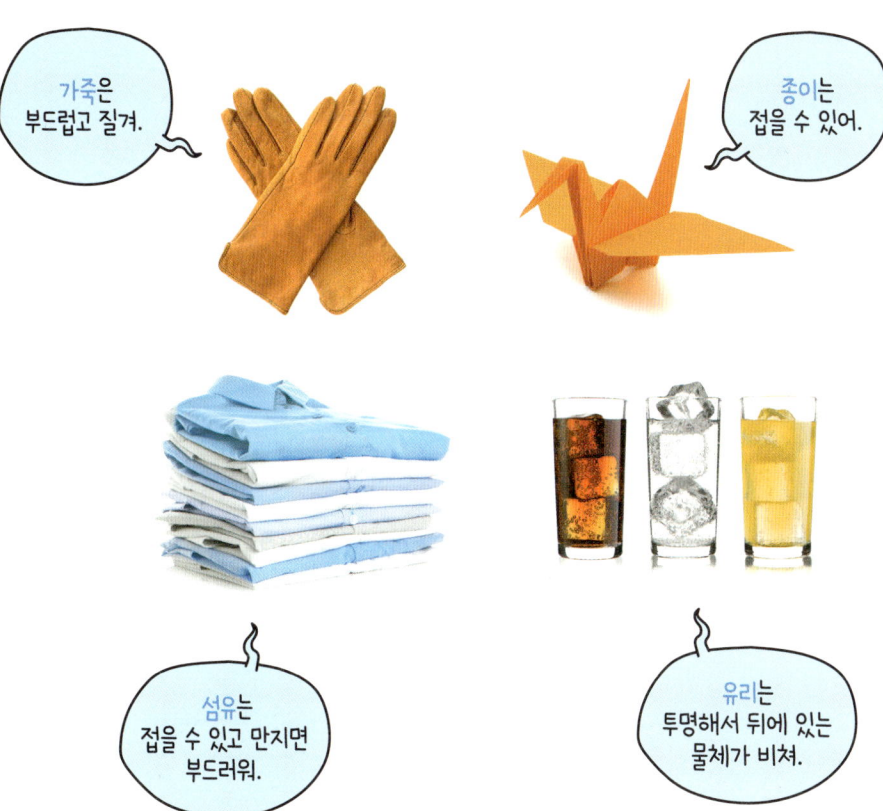

"가죽, 종이, 섬유, 유리도 성질이 다 다르군요!"

핵심정리

물질은 종류마다 성질이 서로 달라. 겉모습, 단단한 정도, 구부러지는 정도, 물에 뜨고 가라앉는 성질 등이 다르지.

자전거 타이어는 왜 고무로 만들까?

용선생이 아이들을 둘러보고는 말했다.

"자전거 타이어를 고무로 만드는 건 바로 고무의 성질 때문이란다."

"고무의 성질 때문이라고요? 잘 긁히는 고무보다 단단한 금속으로 자전거 타이어를 만들면 펑크도 안 나고 더 좋지 않아요?"

"물론 고무는 금속만큼 단단하지 않아서 잘 긁히고 심하면 구멍이 난다는 단점이 있어. 하지만 자전거 타이어의 기능을 생각하면 고무가 자전거 타이어에 안성맞춤이지."

"자전거 타이어의 기능이요?"

"그래. 물질은 종류에 따라 성질이 다르다고 했지? 물체

곽두기의 낱말 사전

기능 작용할 기(機) 능력 능(能). 물체 따위가 가진 역할이나 능력을 뜻해.

의 기능에 알맞은 물질로 물체를 만들면 사용하기에 더 좋아. 자전거 타이어의 기능은 무엇이지?"

"그야, 땅 위를 굴러가는 거죠."

"맞아. 그런데 자전거를 탈 때 땅이 항상 매끄럽진 않아. 울퉁불퉁하기도 하고 돌이 있기도 하지. 아까 보았듯 금속은 힘을 받아도 모양이 잘 변하지 않는 성질이 있어. 만약 금속으로 타이어를 만들면 타이어가 울퉁불퉁한 땅이나 돌에 부딪힐 때마다 자전거 몸체에 충격이 고스란히 전달될 거야."

금속 타이어

"으으, 엉덩이가 엄청 아프겠네요."

"하하, 이에 비해 고무로 만든 타이어는 충격을 잘 흡수해. 고무로 자전거 타이어를 만들 때에는 안에 공기를 넣는데, 이런 자전거 타이어에 어떤 성질이 있는지 고무풍선으로 보여 줄게."

용선생이 서랍에 있던 고무풍선을 꺼내 후후 불었다.

"누가 풍선을 손으로 쥐었다 놓아 보렴."

허영심이 손으로 풍선을 쥐었다 놓았다.

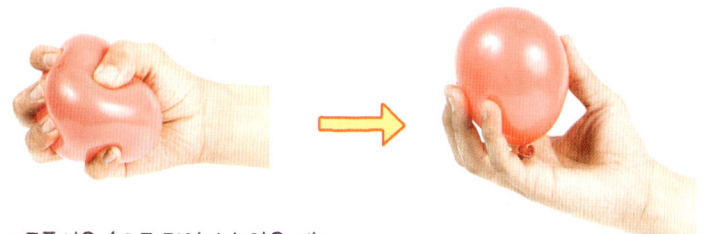

▲ 고무풍선을 손으로 쥐었다 놓았을 때

▲ 금속으로 만든 타이어   ▲ 고무로 만든 타이어

"손으로 쥐었던 자리가 푹 들어갔다가 손을 놓으니까 원래대로 돌아와요."

"아까도 말했듯이 고무는 힘을 받으면 모양이 잘 변하는 성질이 있어. 고무로 만든 타이어는 울퉁불퉁한 땅을 만나면 이 고무풍선처럼 모양이 변하면서 충격을 흡수하지."

"오호, 고무로 타이어를 만들면 타이어가 충격을 흡수해서 자전거가 덜 흔들리겠네요. 왜 고무로 자전거 타이어를 만드는지 이제 알겠어요!"

▲ 자전거 몸체는 금속, 타이어는 고무로 만들어.

"반면 금속의 성질이 자전거에 쓸모 있을 때도 있어. 자전거의 몸체는 우리 몸을 지탱하는 역할을 해. 그래서 힘을 받아도 모양이 잘 변하지 않는 금속으로 만들어."

"그러게요. 자전거 몸체를 고무로 만들면 흐물흐물해서 우리 몸을 지탱할 수 없을 거예요!"

"다른 물체 역시 기능을 생각해서 거기에 알맞은 성질이 있는 물질을 써야 해. 가위의 손잡이는 손에 쥐는 부분이기 때문에 단단하면서도 감촉이 부드러운 플라스틱으로 만들어. 가위의 날은 다른 물질을 잘라야 하니……."

▲ 가위 손잡이는 플라스틱, 날은 금속으로 만들어.

"단단한 금속으로 만들고요?"

용선생의 말이 끝나기도 전에 나선애가 대답했다.

"맞아! 선애가 제법인걸?"

그때 장하다의 배에서 꼬르륵 소리가 울려 퍼졌다.

"선생님, 저는 간식을 먹을 때가 되면 배에서 소리가 나는 성질이 있나 봐요."

"하다의 배는 간식 시간을 알려 주는 알람으로 쓰면 딱 좋겠다!"

용선생의 말에 모두 웃음보가 터졌다.

 핵심정리

물체를 만들 때 물체의 기능에 알맞은 성질이 있는 물질을 쓰면 사용하기에 더 좋아. 고무는 모양이 변하면서 충격을 잘 흡수하는 성질이 있어 자전거 타이어를 만들 때 이용돼.

 나선애의 정리노트

1. 물질

① ⓐ [ ] 를 만드는 재료

> 예 나무, 금속, 플라스틱, 고무, 유리, 종이 등

2. 물질의 성질

① 물질은 종류마다 성질이 서로 다름.

물질	성질
ⓑ	광택이 있음. 단단하고 물에 가라앉음.
ⓒ	고유한 향과 무늬가 있음. 금속보다 가볍고 물에 뜸.
ⓓ	힘을 받으면 모양이 쉽게 변하고, 힘이 사라지면 원래 모양으로 돌아옴. 다른 물질과 닿으면 잘 미끄러지지 않으며, 단단하지 않음.
플라스틱	금속보다 가볍고, 감촉이 부드러움. 단단한 편임.

3. 물질의 쓰임새

① 물체를 만들 때 물체의 기능에 알맞은 성질이 있는 물질을 쓰면 사용하기에 더 좋음.

- 고무는 자전거 타이어에 쓰임.
- 금속은 자전거 몸체, 가위 날에 쓰임.
- ⓔ [ ] 은 가위 손잡이에 쓰임.

ⓐ 물체 ⓑ 금속 ⓒ 나무 ⓓ 고무 ⓔ 플라스틱

 # 과학퀴즈 달인을 찾아라!

●정답은 111쪽에

01

친구들이 이번 시간에 배운 내용에 대해 이야기하고 있어. 옳으면 O, 옳지 않으면 X를 표시해 줘.

① 한 가지 물질로 여러 가지 물체를 만들 수 있어. (   )

② 물질의 종류가 달라도 물질의 모양과 크기가 같으면 성질이 같아.
(   )

③ 가위의 날은 단단한 고무로 만들어. (   )

02

용선생이 과학실에 간식을 숨겨 놨어. 금속의 성질을 따라가면 간식이 어디에 숨겨져 있는지 알 수 있대. 친구들이 간식을 찾을 수 있게 도와줘.

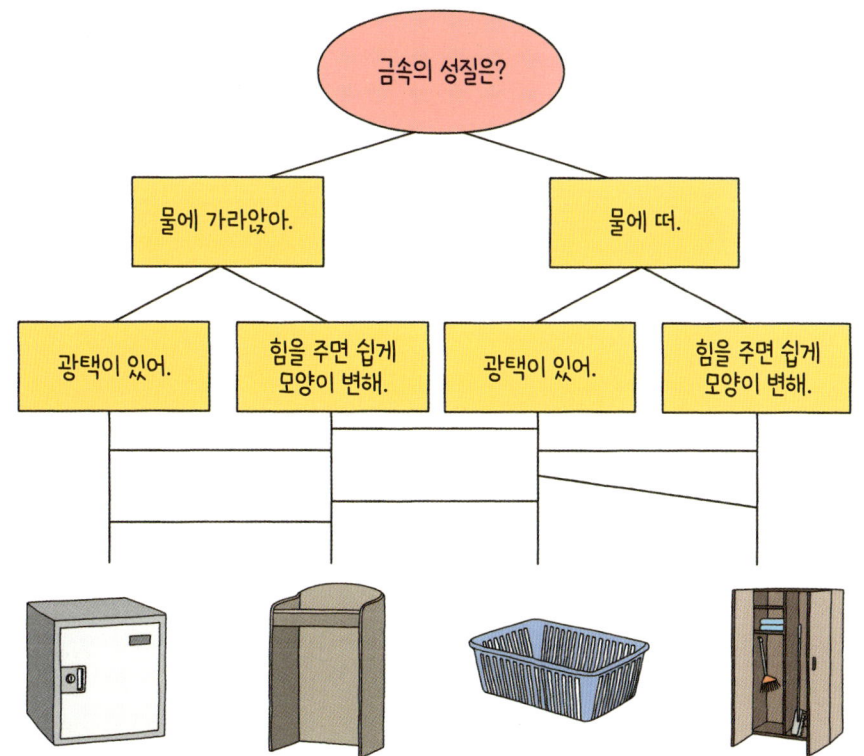

| 용선생의 과학 카페 | 용선생의 한국사 카페 | 용선생의 세계사 카페 |

https://cafe.naver.com/yongyong

용선생의 과학 카페

과학계의 핵인싸,
용선생의 과학 카페에
오신 걸 환영합니다.

[Log in]

MENU
- 물리면 아프다
- 화학이 화하하
- 생물 오징어
- 지구는 둥글다

또 다른 물질, 실리콘 고무!

 선생님! 어제 엄마가 요리용 주걱을 사 오셨는데, 처음 보는 물질로 이루어졌더라고요. 플라스틱이랑 비슷해 보이면서도 다르던데 어떤 물질이에요?

 그건 바로 '실리콘 고무'라는 물질이야. 실리콘 고무는 모래에서 얻을 수 있는 규소라는 물질을 주된 원료로 사용해 만들지.

▲ 실리콘 고무로 만든 요리용 주걱 　　　　▲ 실리콘 고무로 만든 오븐용 장갑

 그런데 왜 요리용 주걱을 실리콘 고무로 만드는 거예요? 플라스틱으로 만들면 안 돼요?

 플라스틱은 열을 받으면 쉽게 녹아서 뜨거운 음식을 젓거나 집을 때 쓰는 조리 기구로는 적당하지 않아. 반면 실리콘 고무는 열을 받아도 잘 녹지 않지. 무엇보다 독성이 거의 없어서 조리 기구로 많이 쓰여. 오븐용 장갑, 뒤집개, 국자도 실리콘 고무로 만드는 경우가 많아.

장하다의 오답을 피하는 방법
나선애의 야무진 실험실
왕수재의 아는 척 과학교실
허영심의 별 헤는 밤
곽두기의 빅뱅 따라잡기

 오호, 그런데 실리콘 고무는 조리 기구로만 이용되나요?

 그럴 리가! 실리콘 고무에는 여러 종류가 있고, 그만큼 쓰임새도 다양하단다. 실리콘 고무는 아까 말한 것처럼 독성이 거의 없기 때문에 우리 몸에 안전해서 의료 기기로 많이 이용돼. 안경 대신 시력을 교정할 때 쓰는 콘텍트 렌즈, 성형 수술을 할 때 몸 안에 넣는 보형물, 인공 관절 등에 이용되지. 환자의 몸 안에 혈액이나 약을 넣을 때 쓰는 기다란 관과 인공호흡용 마스크를 실리콘 고무로 만들기도 해. 한편 실리콘 고무는 유아용 젖꼭지 등 유아 용품에 쓰이기도 한단다.

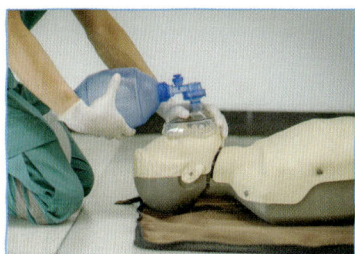
▲ 실리콘 고무로 만든 인공호흡용 마스크

▲ 실리콘 고무로 만든 유아용 젖꼭지

 우아! 실리콘 고무는 정말 유용한 물질이네요! 집에 있는 물체 중에 실리콘 고무로 만든 게 있는지 찾아 봐야겠어요.

 아주 좋은 생각이야. 파이팅!

COMMENTS

 용돈을 받으면 실리콘 고무로 만든 오븐용 장갑을 사야지!

└ 왜?

└ 갓 구운 뜨거운 고구마를 집어 먹을 때 좋을 것 같아서.

└ 오호, 나도 살까?

2교시 | 원소

촛불색이 알록달록한 까닭은?

케이크 촛불 좀 봐!

불꽃색이 알록달록하잖아! 너무 예뻐!

"영심아, 생일 축하해!"

용선생과 아이들이 허영심에게 촛불이 켜진 케이크를 내밀었다.

"우아! 빨간색, 주황색, 노란색, 보라색…… 초의 불꽃색이 알록달록하네? 불기 아까울 정도로 예뻐! 고맙습니다!"

허영심이 촛불을 후후 불어서 끄고는 물었다.

"선생님, 그나저나 이 초는 어떻게 여러 가지 불꽃색이 나는 거예요?"

 ## 초에 들어 있는 물질은?

허영심의 질문에 용선생이 씩 웃으며 대답했다.

"여러 가지 불꽃색이 나는 건 각각의 초에 들어 있는 원소가 다르기 때문이야."

"원소요?"

"응. 원소는 더 이상 다른 물질로 분해되지 않으면서 물질을 이루는 기본 성분을 말해."

"흠, 좀 더 자세히 설명해 주세요."

"좋아. 차근차근 알아보자. 물을 예로 들어 볼게. 물에 전기가 흐르게 하면 물은 산소와 수소 기체로 분해돼."

"와, 물이 다른 물질로 분해되기도 하는구나!"

"산소라면 들어 본 적이 있어요. 숨을 쉴 때 산소가 필요하잖아요."

곽두기와 나선애가 연달아 말했다.

"그래. 물처럼 다른 물질로 분해되는 것은 원소가 아니야. 반면에 산소와 수소는 물과 달리 더 이상 다른 물질로 분해되지 않아. 그러니 산소와 수소는 원소이지."

"아하! 원소가 뭔지 이제 알겠어요. 원소에는 또 어떤 것들이 있어요?"

"금, 알루미늄, 철도 원소야."

"흠, 설마 그게 전부인가요?"

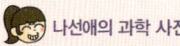

나선애의 과학 사전

분해 나눌 분(分) 풀 해(解). 한 종류의 물질을 두 가지 이상의 간단한 물질로 나눈다는 뜻이야.

곽두기의 낱말 사전

성분 이룰 성(成) 나눌 분(分). 어떤 것의 한 부분을 말해.

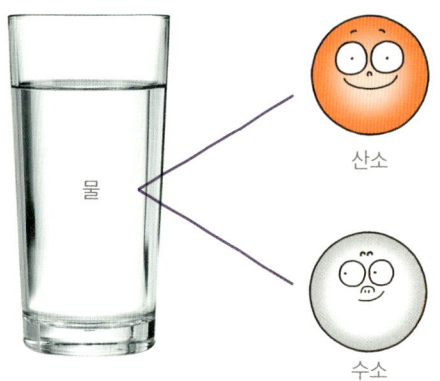

용선생의 과학 현미경

2016년 대한화학회에서 발표한 원소의 종류는 총 118가지야. 이 중에서 90여 종은 자연에서 발견됐고, 나머지는 사람이 만들어 낸 거야. 원소의 종류는 계속 늘어날 수 있어.

"하하, 그럴 리가! 현재까지 알려진 원소는 118가지야. 원소가 물질을 이루는 기본 성분이라고 했지? 이 118가지 원소가 세상 모든 물질을 이룬단다."

"와, 세상 모든 물질이 118가지 원소로 이루어졌다니!"

"물질은 한 가지 원소만으로 이루어지기도 하고, 두 가지 이상의 원소로 이루어지기도 해. 예를 들어 공기 중의 산소 기체는 산소 한 가지 원소로만 이루어졌고, 물은 산소와 수소 두 가지 원소로 이루어졌지."

아이들은 알겠다는 듯 고개를 끄덕거렸다.

"그런데 원소 이름이 모두 간단하지는 않아. 또 나라마

용선생의 과학 현미경

원소 기호는 어떻게 나타낼까?

좀 더 자세히 들여다볼까?

▲ 보행자 신호등에 쓰이는 기호

횡단보도를 건널 때 신호등에 그려진 기호를 보고 건너지? 이처럼 기호를 사용하면 간단하고 명확하게 의미를 전달할 수 있어. 마찬가지로 원소 역시 원소 기호로 나타내면 매우 편리해. 그렇다면 원소 기호는 어떻게 나타낼까?

원소 기호는 그리스어나 라틴어, 영어로 된 원소 이름의 첫 글자를 알파벳 대문자로 써서 나타내. 원소 이름의 첫 글자가 같은 경우에는 나머지 글자 중 하나를 고른 뒤, 첫 글자의 대문자 뒤에 소문자로 적는단다.

수소: hydrogen(하이드로젠) → H
헬륨: helium(헬륨) → He

다 부르는 이름도 다르지. 그래서 보통 원소를 표시할 때에는 원소 기호로 간단하게 나타낸단다."

"원소 기호요?"

"그래. 원소 기호는 전 세계 어디에서든 똑같아. 원소 기호를 쓰면 간단하고 명확하게 원소를 표현할 수 있어. 자주 쓰이는 원소 기호를 보여 줄게."

용선생이 칠판에 원소 이름과 원소 기호를 썼다.

수소	H	마그네슘	Mg	칼륨(포타슘)	K
탄소	C	알루미늄	Al	칼슘	Ca
질소	N	인	P	철	Fe
산소	O	황	S	구리	Cu
나트륨(소듐)	Na	염소	Cl	납	Pb

▲ 원소 기호

"윽, 이걸 전부 다 외워야 하는 거예요?"

"그렇지는 않아. 지금은 원소를 원소 기호로 간단하게 나타낼 수 있다는 사실 정도만 알아 두면 돼."

"휴, 다행이다."

원소는 더 이상 다른 물질로 분해되지 않으면서 물질을 이루는 기본 성분이야.

 ## 일상생활에서 원소를 찾아라!

"선생님, 세상 모든 물질이 원소로 이루어졌다고 하셨잖아요. 산소나 물 말고 다른 물질은 또 어떤 원소로 이루어졌어요?"

"좋아. 안 그래도 우리 생활 곳곳에 있는 물질들이 어떤 원소로 이루어졌는지 알려 주려던 참이었어. 먼저 한 가지 원소로 이루어진 물질부터 알아보자."

용선생이 주변을 둘러보더니 생일 파티를 위해 산 과자 한 봉지를 집어 들었다.

"과자 봉지는 과자가 부서지지 않도록 질소 기체로 속이 채워져 있는데, 질소 기체는 질소로 이루어졌어."

"과자 봉지에 질소로 이루어진 기체를 넣는군요."

"그래. 한편 다이아몬드는 탄소로 이루어졌지."

▲ 질소 기체가 든 과자 봉지
질소 기체가 들어 있어서 과자의 맛과 냄새가 변하지 않아.

▲ 다이아몬드 매우 단단해.

"아름다운 다이아몬드가 탄소로 이루어졌다니! 원소 중에서 탄소가 제일 좋아질 것 같아요!"

허영심이 눈을 반짝거리며 말했다.

"하하, 또 구리 전선은 구리로 이루어졌단다."

"구리 전선은 말 그대로 구리로 이루어졌네요!"

"알루미늄 포일도 알루미늄으로 이루어졌어. 금반지, 금목걸이 등 금 장신구도 금으로 이루어졌지."

▲ **구리 전선** 전기를 잘 전달해.

▲ **알루미늄 포일** 독성이 거의 없어서 음식물을 포장하는 재료로 쓰여.

▲ **금반지** 산소나 물과 잘 반응하지 않고 광택이 오래 유지돼.

그때 왕수재가 안경을 쓱 올리며 질문했다.

"아까 물질이 두 가지 이상의 원소로도 이루어진다고 하셨잖아요. 두 가지 이상의 원소로 이루어진 물질에는 어떤 게 있어요?"

"먼저 음식을 만들 때 넣는 소금의 주성분은 염화 나트륨이라는 물질인데, 염화 나트륨은 염소와 나트륨으로 이루어졌어. 또 설탕은 수소, 산소, 탄소로 이루어졌지."

"오호, 염화 나트륨은 두 가지 원소, 설탕은 세 가지 원

▲ 염화 나트륨은 염소, 나트륨으로 이루어졌어.

▲ 설탕은 수소, 산소, 탄소로 이루어졌어.

소로 이루어졌군요?"

"사람의 몸도 여러 가지 원소로 이루어졌어. 특히 산소, 탄소, 수소, 질소, 칼슘, 인이 몸의 대부분을 차지해."

"산소, 탄소, 수소, 질소, 칼슘, 인! 우리 몸을 이루는 대표적인 원소들이니 잘 기억해 둬야겠어요."

핵심정리

과자 봉지 속 질소 기체, 다이아몬드, 금 장신구, 구리 전선, 알루미늄 포일은 한 가지 원소로 이루어졌어. 소금, 설탕, 사람의 몸은 여러 가지 원소로 이루어졌지.

생일 초의 불꽃색이 다양한 까닭은?

"선생님, 여러 가지 불꽃색이 나는 케이크 초에는 어떤 원소가 들어 있어요? 그 원소들이랑 불꽃색은 또 무슨 상관이고요?"

"알록달록한 불꽃색이 나는 케이크 초에는 금속 원소가 들어 있어. 니크롬선에 몇몇 금속 원소가 든 물질을 묻혀 토치 불꽃에 넣으면 특정한 불꽃색이 나타나는데, 이런 현상을 불꽃 반응이라고 해. 금속 원소의 종류에 따라 불꽃색이 달라지지. 케이크 초에서 나는 여러 가지 불꽃색은 금속 원소의 불꽃 반응 때문에 나타나는 거야."

"어떤 원소가 어떤 불꽃색을 내는데요?"

"화면을 보렴!"

> **나선애의 과학 사전**
>
> **니크롬선** 여러 가지 금속을 섞어 만든 선으로 니켈과 크롬이 주성분이야. 높은 온도에서 잘 녹지 않고, 산소와 반응하지 않아서 뜨거운 열을 가하는 불꽃 반응 실험에 쓰여.

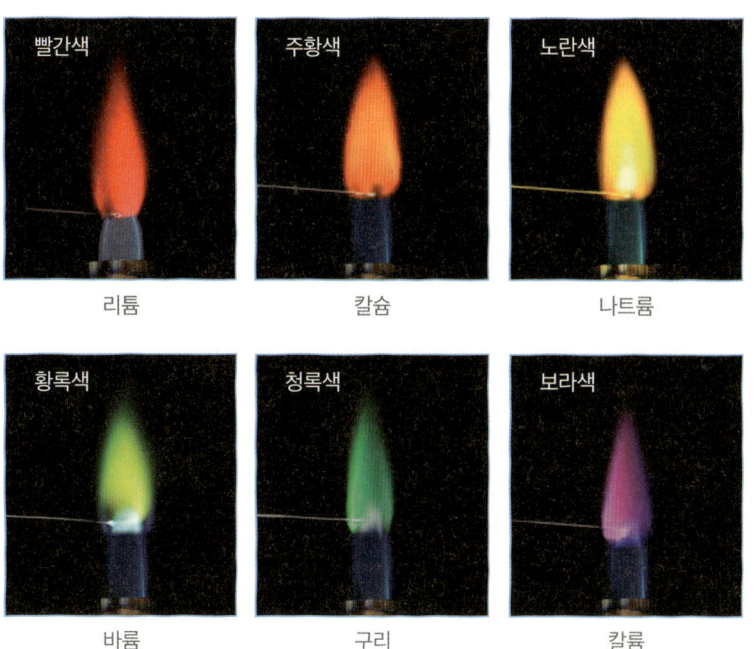

▲ 금속 원소의 불꽃 반응 색

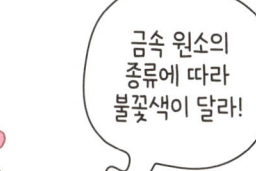

금속 원소의 종류에 따라 불꽃색이 달라!

"빨간색, 주황색, 노란색, 보라색! 케이크 초에서 본 불꽃색들이 다 있어요!"

"그래. 케이크 초에는 각각 빨간색 불꽃을 내는 리튬, 주황색 불꽃을 내는 칼슘, 노란색 불꽃을 내는 나트륨, 보라색 불꽃을 내는 칼륨이 들어 있어."

그때 나선애가 손을 번쩍 들고 물었다.

"그런데요, 불꽃 반응이 이렇게나 멋진데 다른 곳에는 안 쓰여요?"

"물론 다른 곳에도 쓰이지! 불꽃놀이도 불꽃 반응을 이용해. 밤하늘을 수놓는 아름다운 색깔의 불꽃은 불꽃 반응을 이용해 만들어 낸 거란다."

"불꽃 반응 덕분에 화려한 불꽃놀이를 볼 수 있군요!"

▼ 불꽃 반응을 이용한 불꽃놀이

"그뿐 아니라 물질이 어떤 원소로 이루어졌는지 확인하고 싶을 때 불꽃 반응을 이용해서 물질 속에 든 금속 원소의 종류를 짐작할 수 있어. 케이크 초의 불꽃색을 보고 초에 어떤 원소가 들어 있는지 알 수 있는 것처럼 말이야."

그때 허영심이 빈 과자 봉지를 발견하고는 고개를 갸우뚱했다.

"어라? 과자 봉지가 왜 비어 있지?"

그러자 장하다가 머쓱한 얼굴로 말했다.

"미안, 배가 고파서 그만……. 그래도 케이크는 다 같이 먹으려고 남겨 뒀어."

"하하, 하다가 배가 많이 고팠나 보다. 그럼 수업은 여기서 마치고 케이크 먹자!"

 **핵심정리**

몇몇 금속 원소가 든 물질에 불을 붙이면 특정한 불꽃색이 나타나는데, 이를 불꽃 반응이라고 해. 불꽃 반응을 이용하면 물질 속에 든 금속 원소의 종류를 짐작할 수 있어.

나선애의 정리노트

1. 원소
   ① 더 이상 다른 물질로 분해되지 않으면서 물질을 이루는 기본 성분
      [예] 산소, 수소, 금, 알루미늄, 철 등
   ② 원소 ⓐ ___ : 원소 이름을 간단하게 표현한 기호
   ③ 한 가지 원소로 이루어진 물질도 있고, 두 가지 이상의 원소로 이루어진 물질도 있음.
      • 구리 전선은 ⓑ ___ 로 이루어짐.
      • 설탕은 수소, 산소, 탄소로 이루어짐.

2. ⓒ ___
   ① 몇몇 ⓓ ___ 원소가 들어 있는 물질에 불을 붙이면 특정한 불꽃색이 나타나는 현상
   ② 불꽃 반응 색

빨간색	주황색	노란색	황록색	청록색	보라색
리튬	칼슘	나트륨	바륨	구리	칼륨

   ③ 불꽃 반응을 이용하면 물질 속에 든 금속 원소의 종류를 짐작할 수 있음.

ⓐ 기호 ⓑ 구리 ⓒ 불꽃 반응 ⓓ 금속 ⓔ 문자

 ## 과학퀴즈 🧪 달인을 찾아라!

●정답은 111쪽에

01

친구들이 이번 시간에 배운 내용에 대해 이야기하고 있어. 옳으면 O, 옳지 않으면 X를 표시해 줘.

① 물은 원소야. (　　)
② 세상 모든 물질은 한 가지 원소로만 이루어져 있어. (　　)
③ 불꽃 반응을 이용해 물질 속에 든 금속 원소의 종류를 짐작할 수 있어.
　(　　)

02

곽두기가 놀이공원에서 길을 잃어버렸어. 갈림길에서 금속 원소가 나타내는 불꽃 반응 색을 따라가면 친구들이 있는 곳으로 갈 수 있대. 곽두기가 친구들과 만날 수 있도록 도와줘.

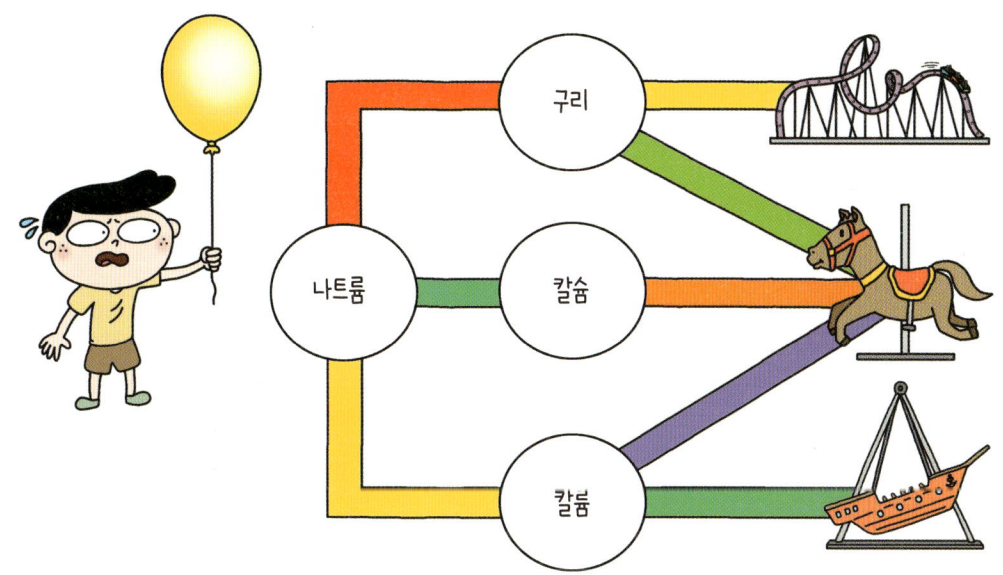

| 용선생의 과학 카페 | 용선생의 한국사 카페 | 용선생의 세계사 카페 |

https://cafe.naver.com/yongyong

용선생의 과학 카페

과학계의 핵인싸,
용선생의 과학 카페에
오신 걸 환영합니다.

[Log in]

MENU

물리면 아프다
화학이 화하하
생물 오징어
지구는 둥글다

원소 이름은 어떻게 지어졌을까?

< 원소 이름 자랑 한마당 >

자신의 이름이 어떻게 지어졌는지 소개해 주세요.

1번 참가자

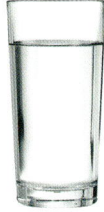

수소(hydrogen)
저는 산소와 함께 물을 이루고 있습니다. 제 이름인 hydrogen(하이드로젠)은 그리스어로 물이라는 뜻의 hydro(하이드로)와 만든다는 뜻의 genes(제네스)를 합쳐 만든 것이죠. 제 이름 어때요? 제가 가진 특징이 잘 드러나죠?

▲ 물

2번 참가자

헬륨(Helium)
전 과학자들이 태양을 연구하는 도중에 발견됐어요. 제 이름인 헬륨은 그리스어로 태양을 뜻하는 단어 헬리오스(Helios)에서 따왔답니다. 제가 처음 발견된 태양의 이름을 딴 것이지요. 태양의 원소! 정말 멋진 이름이죠?

▲ 태양 주로 수소와 헬륨으로 이루어졌어.

> 장하다의 오답을 피하는 방법
> 나선애의 야무진 실험실
> 왕수재의 아는 척 과학교실
> 허영심의 별 헤는 밤
> 곽두기의 빅뱅 따라잡기

3번 참가자

 **코발트(cobalt)**

저는 은과 색이 비슷해요. 자연에서는 대개 비소와 합쳐져 물질을 이루는데, 이 물질은 독성 증기를 내뿜죠. 옛날 광부들은 저를 은으로 착각하고 캐다가 위험에 빠지곤 했답니다. 당시 사람들은 저를 요괴, 도깨비로 여겼지요. 제 이름인 cobalt(코발트)는 요괴, 도깨비를 뜻하는 독일어 kobold(코볼트)에서 따온 거예요. 별명이 본명이 된 제 이름, 조금 으스스하지 않나요?

▲ 코발트

4번 참가자

 폴로늄(polonium)

저는 과학자 마리 퀴리 부인이 발견했어요. 제 이름은 퀴리 부인이 태어난 나라인 폴란드에서 따왔답니다. 사실 저 말고도 프랑슘(프랑스), 저마늄(독일)처럼 원소를 발견한 과학자의 나라 이름을 딴 원소들이 있어요. 오늘은 제가 대표로 나왔지요.

▲ 퀴리 부인 동상 폴로늄 발견을 기념하는 동상이야.

COMMENTS

- 아인슈타이늄, 노벨륨처럼 과학자의 이름을 딴 원소도 있대!
  - 나도 원소를 발견해서 허영시뮴이라고 이름 붙여야지.
  - 하나 더 발견해서 장하듐도 만들어 줘!
  - 그만! 알아야 할 게 늘잖아!

3교시 | 물질의 분류

색색의 소금은 어떻게 만들어졌을까?

이게 뭐지, 과자인가?

소금이래! 색깔이 독특하다!

나선애가 가방에서 작은 통 두 개를 꺼냈다.

"얘들아, 잠깐 와서 이것 좀 봐. 내가 집에서 신기한 걸 가져왔어."

"뭔데?"

"짜잔! 분홍색 소금이랑 흑갈색 소금이야! 신기하지?"

"에이, 소금은 흰색이잖아. 분홍색 소금이랑 흑갈색 소금이 어디 있어?"

"못 믿겠으면 먹어 봐."

나선애의 말에 장하다가 소금 알갱이를 집어 먹었다.

"웩, 짜! 진짜 소금이잖아?"

"거봐, 내 말이 맞지?"

"그러게……. 이 소금은 왜 색깔이 다르지?"

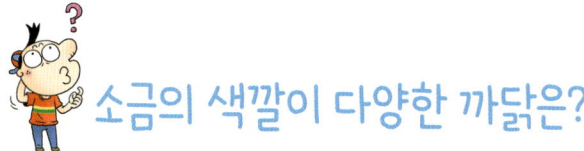

소금의 색깔이 다양한 까닭은?

때마침 용선생이 과학실로 들어오면서 말했다.

"소금이 흰색이 아니라 다른 색을 띠는 건 소금에 든 물질이 달라서야."

"소금에 들어 있는 물질이 다르다고요?"

"소금에 든 물질이랑 소금 색깔이 무슨 상관인데요?"

"하하, 급하기는. 지금부터 차근차근 설명해 줄게!"

용선생이 과학실 선반에서 작은 통을 꺼내 와 내용물을 접시에 부었다.

"이 흰색 알갱이는 뭐예요?"

"이건 과학실에서 쓰는 소금이야. 염화 나트륨이라고 하지. 염화 나트륨에는 다른 물질이 섞여 있지 않아. 염화 나트륨처럼 한 가지 물질로 이루어진 물질을 순물질이라고 해. 순물질은 색깔, 맛, 냄새 등 고유한 성질이 있단다. 염화 나트륨은 흰색이면서 짠맛이 나는 성질이 있지."

"오호, 염화 나트륨은 순물질이군요. 그럼 분홍색 소금이랑 흑갈색 소금도 순물질이에요?"

왕수재가 고개를 갸웃하며 물었다.

"아니, 분홍색 소금과 흑갈색 소금에는 염화 나트륨에

▲ **염화 나트륨** 짠맛이 나는 물질로, 우리가 먹는 소금의 주성분이야.

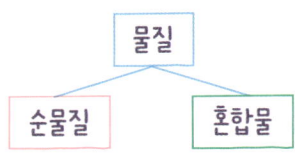

▲ 물질은 순물질과 혼합물로 나누어져.

다른 물질이 더 섞여 있어. 이처럼 두 가지 이상의 물질이 섞여 있는 것을 혼합물이라고 해. 물질은 순물질과 혼합물로 나누어져."

"그럼 분홍색 소금이랑 흑갈색 소금에는 어떤 물질이 더 섞여 있는데요?"

"먼저 분홍색 소금에는 염화 나트륨에 붉은색을 띠는 산화 철 등이 섞여 있어. 분홍색 소금의 맛은 염화 나트륨의 짠맛이고, 색은 산화 철의 붉은색과 비슷하지. 이처럼 혼합물에는 두 가지 이상의 물질이 본래의 성질을 잃지 않고 그대로 섞여 있어."

"헉, 정말요? 그럼 흑갈색 소금에는 어두운색을 띠는 물질이 섞여 있겠네요?"

"응. 흑갈색 소금에는 검은색을 띠는 황화 철 등이 섞여 있어. 그래서 소금이 흑갈색을 띠는 거야."

▲ 분홍색 소금에는 붉은색 산화 철 등이 섞여 있어.

▲ 흑갈색 소금에는 검은색 황화 철 등이 섞여 있어.

용선생이 잠시 아이들을 둘러본 뒤 말을 이었다.

"사실 우리가 주로 먹는 흰 소금도 염화 나트륨에 여러 가지 물질이 섞인 혼합물이야. 하지만 흰 소금에는 흰색 물질만 섞여 있어서 흰색을 띠어."

"소금에 어떤 물질이 섞였는지에 따라 색깔이 달라지는군요!"

"그래. 분홍색 소금이나 흑갈색 소금 외에도 녹색, 회색, 붉은색을 띠는 소금도 있단다. 모두 섞여 있는 물질의 색깔에 따라 색이 달라지는 거야."

▲ **여러 가지 색깔의 소금** 소금의 색깔은 섞여 있는 물질의 색깔에 따라 달라져.

"우아, 소금 색깔이 그렇게나 다양한 줄은 몰랐어요!" 장하다가 눈을 동그랗게 뜨고 말했다.

 **핵심정리**

물질은 순물질과 혼합물로 나누어져. 순물질은 한 가지 물질로만 이루어진 물질이야. 혼합물은 두 가지 이상의 물질이 본래의 성질을 잃지 않고 그대로 섞여 있는 것이야.

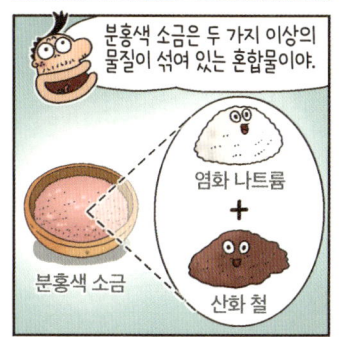

또 다른 순물질과 혼합물을 알려 줘!

"선생님! 혼합물에는 또 어떤 게 있어요?"

"저는 순물질에 어떤 것들이 있는지 궁금해요."

곽두기와 장하다가 연달아 물었다.

"좋아, 우선 순물질부터 살펴보자. 순물질에는 염화 나트륨 외에도 설탕과 물이 있어. 공기 중에 있는 산소나 이산화 탄소, 질소 기체도 순물질이지. 금, 알루미늄, 구리 같은 금속도 순물질이란다."

"오호, 그게 다 순물질이었군요."

"지난 시간에 산소 기체가 어떤 원소로 이루어졌다고 했는지 기억하니?"

"네! 산소 한 가지 원소로 이루어졌어요."

"맞아. 순물질 중에서도 산소 기체처럼 한 가지 원소로 이루어진 물질을 홑원소 물질이라고 해. 질소 기체, 금, 알루미늄, 구리도 홑원소 물질이지."

"어? 그럼 물은 산소와 수소 두 가지 원소로 이루어졌으니까 홑원소 물질이 아니겠네요?"

"탄소, 산소, 수소로 이루어진 설탕도 홑원소 물질이 아니고요!"

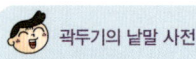

곽두기의 낱말 사전

홑 낱말 앞에 붙어 '하나인', '혼자인'이라는 뜻을 더해 줘.

▲ 여러 가지 순물질의 예

나선애와 왕수재가 앞다투어 말했다.

"잘 아는구나! 염소와 나트륨으로 이루어진 염화 나트륨도 순물질이지만 홑원소 물질은 아니야. 물, 설탕, 염화 나트륨처럼 순물질 중에서 두 가지 이상의 원소로 이루어진 물질을 화합물이라고 해. 이산화 탄소도 탄소와 산소 두 가지 원소로 이루어진 화합물이지."

아이들이 고개를 끄덕였다.

"다음으로 혼합물을 살펴보자. 혼합물에는 설탕물이 있어. 설탕물에는 설탕과 물이 섞여 있지."

"그럼 흙탕물도 혼합물이겠네요? 흙과 물이 섞여 있잖아요."

"맞아. 식초도 물과 아세트산 등이 섞인 혼합물이란다. 바

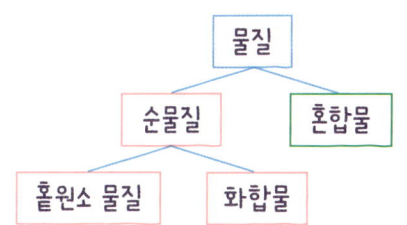

▲ 순물질은 홑원소 물질과 화합물로 나누어져.

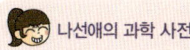

아세트산 톡 쏘는 냄새가 나는 투명한 액체야. 식초 외에도 접착제와 페인트를 만드는 원료, 청소할 때 쓰는 천연 세제 등으로 이용돼.

▲ 여러 가지 혼합물의 예

닷물 역시 물과 염화 나트륨 등이 섞인 혼합물이지."

"앗! 염화 나트륨이 섞여 있어서 바닷물이 짠 거군요."

"딩동댕! 이 밖에 공기, 암석 등도 혼합물이야. 공기에는 질소, 산소, 이산화 탄소 기체 등이 섞여 있지. 암석은 종류마다 섞인 물질이 달라. 자갈, 모래, 진흙이 섞여 있기도 하고, 금속이 섞인 것도 있어."

 핵심정리

순물질에는 산소, 금, 물, 설탕 등이 있어. 산소와 금은 한 가지 원소로 이루어진 홑원소 물질, 물과 설탕은 두 가지 이상의 원소로 이루어진 화합물이야. 혼합물에는 식초, 공기, 암석 등이 있어.

 ## 화합물과 혼합물은 무엇이 다를까?

"그런데요, 화합물은 두 가지 이상의 원소로 이루어졌다고 하셨잖아요. 혼합물은 두 가지 이상의 물질이 섞여 있다고 하셨고요. 둘이 뭐가 다른 건지 헷갈려요."

"맞아요. 심지어 이름도 비슷해요."

"좋아. 화합물과 혼합물이 어떻게 다른지 간단한 실험을 통해 알아보자."

용선생이 액체가 든 비커 두 개를 가져왔다.

"비커에는 각각 알긴산 나트륨과 염화 칼슘이 녹은 물이 들어 있어. 스포이트를 써서 알긴산 나트륨이 녹은 물을 염화 칼슘이 녹은 물에 떨어뜨린 뒤 10분 정도 기다려 보렴."

나선애가 스포이트로 알긴산 나트륨이 녹은 물을 염화 칼슘이 녹은 물에 떨어뜨렸다. 잠시 후 비커 안을 본 왕수재가 깜짝 놀라 외쳤다.

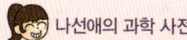 **나선애의 과학 사전**

알긴산 나트륨 흰색 또는 연노란색 알갱이로 물에 녹으면 끈적한 액체로 변해. 젤리, 잼 등을 만들 때 쓰여.

염화 칼슘 흰색 알갱이로 겨울철에 도로 위에 쌓인 눈을 녹일 때 쓰여.

▲ 알긴산 나트륨이 녹은 물과 염화 칼슘이 녹은 물을 섞으면 투명한 덩어리가 생겨.

"헉! 물속에 투명한 덩어리가 생겼어요."

"그렇지? 알긴산 나트륨이나 염화 칼슘이 녹은 물과는 성질이 다른 덩어리가 만들어졌어. 이 덩어리가 화합물이야. 이처럼 화합물은 섞기 전의 물질과 성질이 다른, 새로운 물질이란다."

"오호, 우리는 화합물을 만든 거군요!"

"그러고 보니 혼합물은 섞기 전에 각 물질이 가진 성질이 달라지지 않잖아요."

나선애의 말에 용선생이 "맞아." 하며 알긴산 나트륨이 녹은 물에 반짝이 조각을 넣었다.

▲ 알긴산 나트륨이 녹은 물과 반짝이 조각을 섞어도 두 물질의 성질은 그대로야.

"비커 안에 물이랑 반짝이 조각이 그대로 들어 있어요."

"그렇지? 이건 혼합물이야. 아까 말했듯 혼합물은 각 물질이 섞이기 전에 가지고 있던 성질을 잃지 않아. 이게 바로 화합물과 혼합물의 다른 점이야."

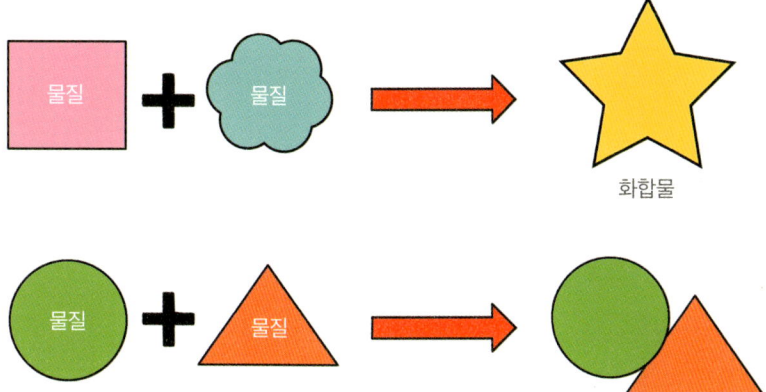

▲ **화합물과 혼합물** 화합물은 섞기 전의 물질과는 성질이 다른, 새로운 물질이야. 반면에 혼합물은 각 물질이 섞이기 전에 가지고 있던 성질을 잃지 않아.

"아하, 이제 뭐가 화합물이고 뭐가 혼합물인지 정확히 알겠어요."

그때 장하다가 능청스러운 표정으로 말을 꺼냈다.

"선생님, 다른 물질도 섞어서 화합물이 되는지 혼합물이 되는지 알아봐요! 감자를 삶은 후 소금이나 설탕과 섞는 건 어떨까요?"

"흐음, 이미 정답을 알고 있는 것 같은데?"

"앗, 들켰다!"

"하하하, 새로운 실험은 집에서 부모님과 해 보도록!"

 **핵심정리**

화합물은 섞기 전의 물질과 성질이 다른, 새로운 물질이야. 이와 달리 혼합물은 각 물질이 섞이기 전에 가지고 있던 성질을 잃지 않아.

나선애의 정리노트

1. 물질의 분류

① ⓐ [　　　] : 한 가지 물질로 이루어진 물질

　예) 염화 나트륨, 산소, 물, 설탕, 금

　• ⓑ [　　　] : 한 가지 원소로 이루어진 물질

　　예) 산소, 금

　• ⓒ [　　　] : 두 가지 이상의 원소로 이루어진 물질

　　예) 염화 나트륨, 물, 설탕

② 혼합물: 두 가지 이상의 물질이 섞여 있는 것

　예) 공기, 분홍색 소금

2. 화합물과 혼합물의 다른 점

① 화합물: 섞기 전의 물질과는 성질이 다른 새로운 물질

　• 알긴산 나트륨이 녹은 물과 염화 칼슘이 녹은 물이 섞여 투명한 알갱이가 만들어짐.

② ⓓ [　　　] : 각 물질이 섞이기 전에 가지고 있던 성질을 잃지 않음.

　• 알긴산 나트륨이 녹은 물과 반짝이 조각을 섞어도 두 물질은 그대로 있음.

ⓐ 순물질 ⓑ 홑원소물질 ⓒ 화합물 ⓓ 혼합물

# 과학퀴즈 달인을 찾아라!

● 정답은 111쪽에

01

친구들이 이번 시간에 배운 내용에 대해 이야기하고 있어. 옳으면 O, 옳지 않으면 X를 표시해 줘.

① 이산화 탄소는 화합물이야. (　　)

② 흑갈색 소금에는 염화 나트륨과 검은색 물질이 섞여 있어. (　　)

③ 서로 다른 물질을 섞었을 때 물질의 성질이 변했다면 새로 만들어진 물질은 혼합물이야. (　　)

02

나선애가 장난을 치려고 장하다의 장난감을 숨겼어. 다음 중 혼합물에 적힌 글자를 순서대로 이으면 장난감이 숨겨진 장소가 나온대. 장하다가 장난감을 찾을 수 있도록 혼합물을 찾아 장난감이 있는 위치를 알려 줘.

👉 알았다! 장난감은 □ □ 에 있어.

4교시 | 원자

세상 모든 것을 이루는 알갱이의 정체는?

저게 대체 뭐지?

웬 알갱이들로 이루어졌네?

금, 물, 공기의 공통점을 찾아봐!
-용선생-

왕수재가 과학실에 들어오자 아이들이 칠판 앞에 모여 있었다.

"어라? 다들 왜 칠판 앞에 모여 있어?"

"선생님이 칠판에 퀴즈를 내셨어. 금, 물, 공기의 공통점을 찾아보래."

"그래? 금, 물, 공기의 공통점이라……. 도무지 모르겠는데? 답이 있긴 한 거야?"

"그러게 말이야. 으으, 전혀 모르겠네!"

알갱이로 이루어진 세상!

얼마 지나지 않아 용선생이 과학실에 들어왔다.

"다들 칠판에 적힌 퀴즈는 봤지? 답은 생각해 봤니?"

"네. 그런데 답이 뭔지 전혀 모르겠어요. 금, 물, 공기의 공통점이 대체 뭐예요?"

"하하, 바로 알려 주면 재미없지."

용선생이 서랍에서 사탕을 하나 꺼냈다.

"이 사탕을 망치로 잘게 쪼개면 어떻게 될까?"

"그야 당연히 사탕가루가 되겠죠."

"사탕가루를 더 잘게 쪼개면?"

"흠, 사탕가루보다 작은 무언가가 될 것 같은데……."

"그래. 사탕을 쪼개다 보면 점점 더 작아지다가 아주 작은 알갱이가 돼. 과학에서는 아주 작은 알갱이를 입자라고 불러."

"선생님! 금, 물, 공기의 공통점을 알려 주신다면서요. 뜬금없이 사탕을 쪼개면 입자가 된다는 이야기는 왜 하시는 거예요?"

왕수재가 고개를 갸웃하며 물었다.

"사탕뿐만 아니라 금도 쪼개면 입자가 돼. 금 역시 입자로 이루어졌거든. 물과 공기도 마찬가지야."

"헉, 그럼 금, 물, 공기의 공통점이라는 게……."

"맞아! 바로 원자라는 입자로 이루어졌다는 거란다! 물

사탕

사탕가루

원자

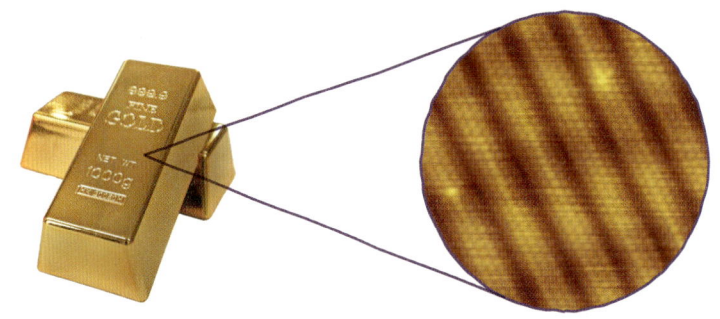

▲ **금을 이루는 원자** 오른쪽 사진은 금을 확대한 모습이야. 동그랗고 밝은 알갱이 하나하나가 금 원자이지.

질을 이루는 입자는 여러 종류가 있는데 사탕, 금, 물, 공기뿐 아니라 세상 모든 물질은 원자라는 입자로 이루어졌어. 다시 말해 원자는 물질을 이루는 기본 입자이지."

"물이랑 공기도 그렇고, 모두 원자로 이루어졌다고요? 정말 생각지도 못한 공통점이네요!"

그때 나선애가 무언가 생각난 듯 필기하던 것을 멈추고 노트를 뒤적였다.

"참, 그러고 보니 지난 시간에 원소가 물질을 이루는 기본 성분이라고 하셨잖아요. 원자랑 원소가 뜻이 비슷하네요? 둘이 뭐가 다른 거예요?"

"원자는 물질을 이루는 기본 입자 하나하나를, 원소는 원자의 종류를 나타낸다고 생각하면 돼. 물을 예로 들어 볼게."

용선생이 화면에 그림을 띄웠다.

"이건 물 입자를 나타낸 모형이야. 입자는 아주 작아서 맨눈으로는 볼 수 없어. 그래서 입자를 설명할 때에는 이런 모형을 사용하지."

"물 입자는 알갱이 세 개로 이루어졌네요!"

허영심이 화면을 쳐다보며 말했다.

"오, 영심이가 방금 말한 알갱이가 바로 원자란다. 원자는 기본 입자 하나하나라고 했지? 물 입자는 산소 원자 1개와 수소 원자 2개로 이루어졌어. 한편 원소는 원자의 종류이니까 물 입자는 산소와 수소, 두 가지 원소로 이루어졌지."

"아하, 원자랑 원소가 뭐가 다른지 이제 알겠어요!"

"그런데 애들아. 입자가 아주 작은 알갱이라고 했잖아. 원자는 얼마나 작을 것 같니?"

"음…… 글쎄요? 얼마나 작은데요?"

"놀라지 마. 수소 원자의 경우 1억 개를 한 줄로 늘어놓아야 1cm 정도가 돼."

"네? 수소 원자를 백 개, 천 개도 아니고 1억 개나 늘어놓아도 겨우 1cm라고요?"

곽두기가 입을 떡 벌리며 말했다.

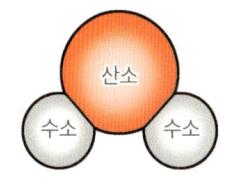

▲ 물 입자

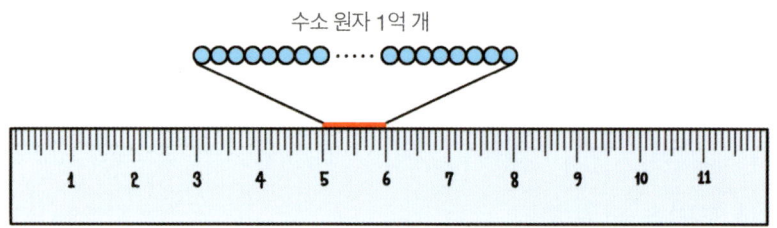

▲ 수소 원자의 크기

"원자는 크기가 정말 작네요!"

원자는 물질을 이루는 기본 입자야. 수소 원자 1억 개를 한 줄로 늘어놓아야 1cm가 될 정도로 원자의 크기는 매우 작아.

 원자 안을 들여다보면?

"후후, 얘들아. 여기서 끝이 아니야. 원자는 더 작은 입자들로 이루어져 있어."

용선생의 말에 아이들의 눈이 휘둥그레졌다.

"원자보다 더 작은 입자가 있다고요? 원자는 또 어떤 입자로 이루어졌는데요?"

"원자는 원자핵과 전자로 이루어졌단다. 화면을 봐. 이건 수소 원자의 구조를 나타낸 모형이야."

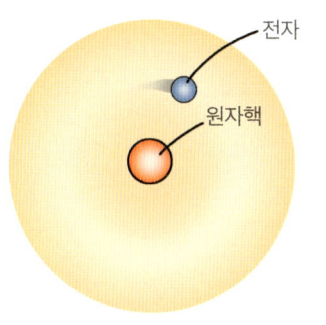

▲ 수소 원자의 구조

"오호, 원자 안이 이렇게 생겼어요? 원자 중심에 원자핵이 있네요!"

"맞아. 또 전자는 원자핵 주위를 움직이고 있지."

"와, 원자 안에 이런 입자들이 있었다니!"

허영심이 눈을 동그랗게 뜨며 말했다.

"원자핵과 전자는 질량 차이가 매우 커. 원자핵의 질량은 전자의 질량보다 훨씬 크지. 원자 질량 대부분은 원자핵의 질량이란다. 그런데 재밌는 점이 하나 있어."

"재밌는 점이요?"

아이들이 용선생 쪽으로 몸을 기울였다.

"원자에서 원자핵이 차지하는 질량은 매우 크지만, 원자핵의 크기는 원자에 비해 아주 작다는 거야."

"얼마나 작은데요?"

"원자가 축구 경기장 크기만큼 커져도 원자핵은 고작 개미 한 마리 크기밖에 되지 않아."

"헉! 원자도 상상이 안 될 정도로 작은데 원자핵은 그보

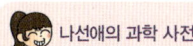

나선애의 과학 사전

질량 물질이 가지는 고유한 양으로, 측정하는 장소가 달라져도 변하지 않아.

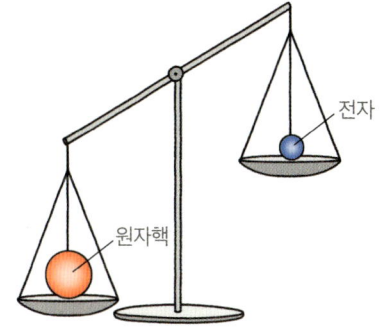

▲ 원자핵은 전자보다 질량이 훨씬 커.

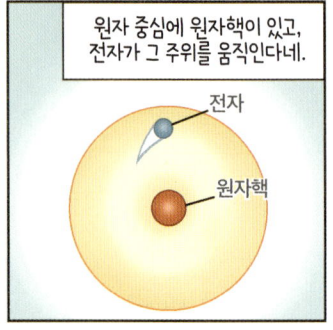

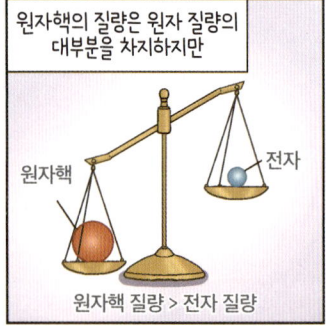

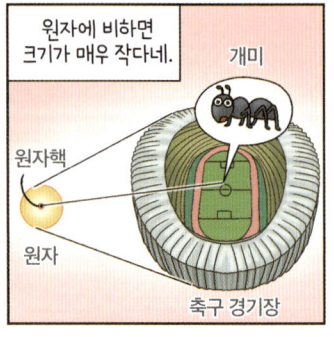

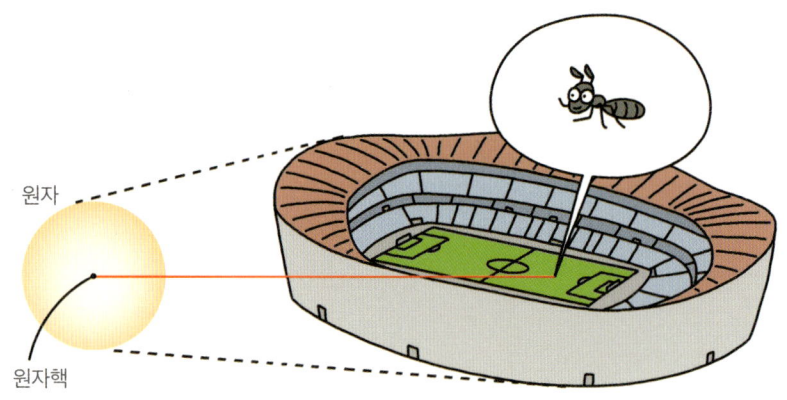

▲ 원자와 원자핵의 크기 비교

다도 훨씬 작네요!"

원자의 중심에는 원자핵이 있고 전자가 그 주위를 움직여. 원자핵의 질량은 전자의 질량보다 훨씬 커서 원자 질량의 대부분을 차지해. 하지만 원자핵은 원자에 비해 크기는 아주 작아.

 원자핵과 전자의 또 다른 특징은?

용 선생이 손가락을 튕기며 말했다.

"원자핵과 전자에는 또 다른 중요한 특징이 있어. 바로 전하를 띤다는 거야."

"전하요? 그게 뭐예요?"

"전하는 물질이 갖는 전기적인 성질로, 전기 현상을 일으키는 원인이야. 조명을 켜는 것, 휴대 전화나 텔레비전이 작동하는 것 등 전기와 관련된 모든 현상은 전하 때문에 일어나."

▲ 전기와 관련된 모든 현상은 전하 때문에 일어나.

"아하, 전하 때문에 전자 제품을 쓸 수 있는 거군요."

용선생이 가볍게 고개를 끄덕이고는 말을 이었다.

"전하에는 양전하와 음전하 두 종류가 있어. 양전하는 (+)전하, 음전하는 (-)전하로 표시하지."

"흠, 그럼 원자핵과 전자도 (+)전하나 (-)전하를 띠는 거예요?"

"맞았어. 원자핵은 (+)전하, 전자는 (-)전하를 띠어. 그림을 한번 볼래?"

용선생이 화면을 띄웠다.

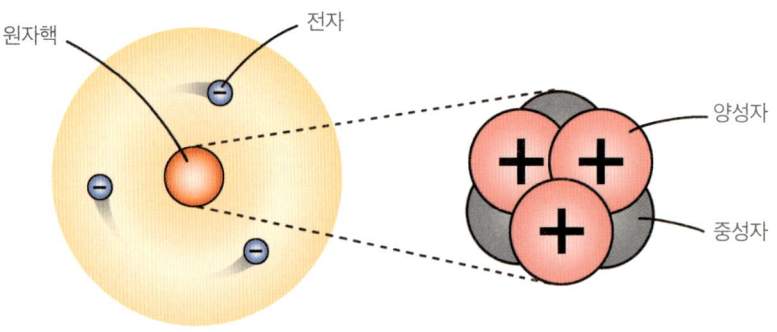

▲ 리튬 원자 모형

"어라, 웬 포도송이처럼 생긴 게 있어요!"

장하다가 키득키득 웃으며 말했다.

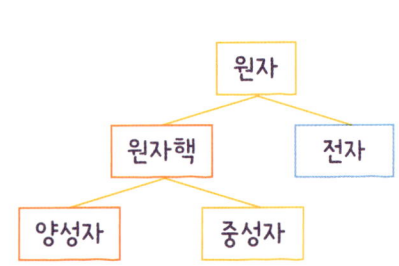

"이건 리튬 원자 모형이야. 포도송이처럼 생긴 건 리튬 원자핵을 확대한 모습인데, 보다시피 양성자와 중성자로 이루어졌어."

"우아, 원자핵이 또 다른 입자로 이루어졌다니!"

"양성자와 중성자는 전기적 성질이 서로 달라. 양성자는 (+)전하를 띠는 반면 중성자는 전하를 띠지 않지. 원자핵이 (+)전하를 띠는 건 바로 양성자 때문이야. 그런데 얘들아, (+)전하를 띠는 원자핵과 (−)전하를 띠는 전자로 이루어진 원자는 (+)전하도, (−)전하도 띠지 않는단다."

"헉! 왜 그런 거예요?"

"지금부터 차근차근 설명해 줄게. 리튬 원자 모형에서 양성자 수와 전자 수를 각각 세어 보렴."

장하다가 금세 수를 세고 말했다.

"양성자가 세 개, 전자도 세 개 있어요! 양성자와 전자의 수가 같네요!"

"그렇지? 여기서 알아 둬야 할 점이 있어. 전하에는 양이 있는데, 양성자 한 개가 띠는 (+)전하의 양과 전자 한 개가 띠는 (−)전하의 양이 같다는 거야. 따라서 리튬 원자 안에서 양성자가 띠는 (+)전하의 전체 양과 전자가 띠는 (−)전하의 전체 양이 같지. 이 때문에 리튬 원자는 전하를 띠지 않아."

> 양성자 한 개가 띠는 (+)전하의 양 = 전자 한 개가 띠는 (−)전하의 양

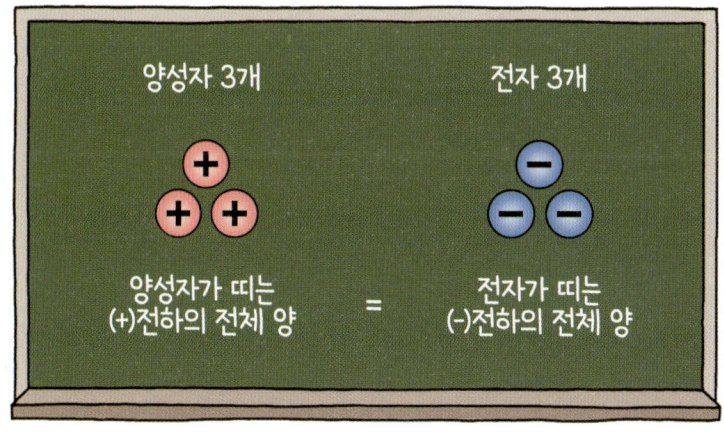

▲ **리튬 원자 속 전하의 양** (+)전하의 전체 양과 (−)전하의 전체 양이 같아서 리튬 원자는 전하를 띠지 않아.

"오호, 신기해요!"

"이번에는 탄소 원자 모형으로 확인해 보자."

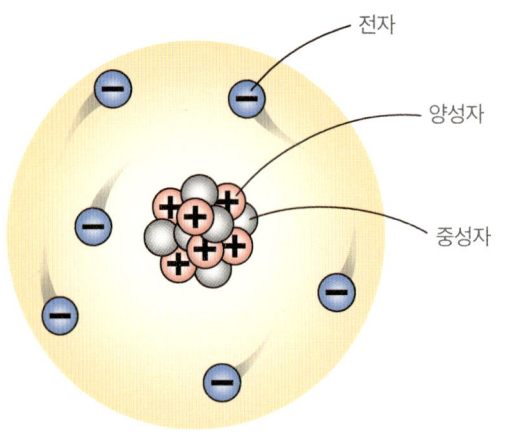

▲ 탄소 원자 모형

용선생이 화면을 넘겼다.

"탄소 원자 속 양성자 수와 전자 수가 리튬 원자와는 다르네요."

"관찰력이 아주 좋은걸? 원자의 종류에 따라 양성자 수가 다르고 전자 수도 달라지거든. 탄소 원자 속에 있는 양성자 수와 전자 수도 세어 봐."

"양성자가 여섯 개, 전자도 여섯 개예요."

나선애가 화면을 유심히 쳐다보며 말했다.

"그래. 이번에도 양성자 수와 전자 수가 같지? 따라서 탄소 원자 또한 리튬 원자와 마찬가지로 전하를 띠지 않는단다."

용선생이 잠시 목을 가다듬고는 말을 이었다.

"이처럼 원자는 종류에 따라 양성자 수가 다르고 전자 수도 달라. 하지만 한 원자 내에서 양성자 수와 전자 수는 항상 같지. 그러니 어떤 원자에서든지 양성자가 띠는 (+)전하의 전체 양과 전자가 띠는 (-)전하의 전체 양이 같아. 그래서 원자가 전하를 띠지 않는 거란다."

"누가 일부러 짜 맞춘 것도 아닌데 어떤 원자에서든지 두 전하의 전체 양이 항상 같다니……. 물질의 세계는 알면 알수록 신비롭네요!"

아이들이 모두 고개를 끄덕이는데, 장하다가 교탁 위에 놓인 사탕을 가리키며 말했다.

"어라? 저희는 다섯 명인데 마침 사탕도 다섯 개예요! 마치 양성자와 전자처럼 딱 맞아 떨어지네요?"

"으하하, 너희를 위해 일부러 딱 맞춰 준비한 거란다. 나와서 하나씩 갖고 가렴!"

"선생님, 최고!"

핵심정리

원자핵은 (+)전하, 전자는 (-)전하를 띠어. 한 원자 안에서 양성자가 띠는 (+)전하의 전체 양과 전자가 띠는 (-)전하의 전체 양은 항상 같아서 원자는 전하를 띠지 않아.

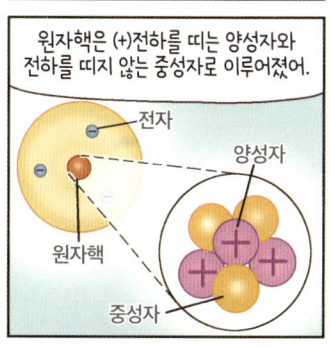
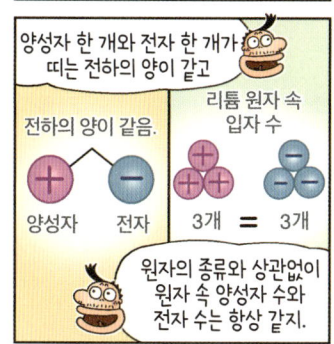

나선애의 정리노트

1. 원자
① 물질을 이루는 기본 ⓐ
② 크기가 매우 작음.
　• 수소 원자 1억 개를 한 줄로 늘어놓아야 1cm 정도가 됨.

2. 원자의 구조
① 원자의 중심에 원자핵이 있고, ⓑ 가 그 주위를 움직임.
② ⓒ 의 질량은 전자의 질량보다 훨씬 커서 원자 질량의 대부분을 차지함.
③ 원자핵은 원자에 비해 크기가 아주 작음.
④ 원자핵은 양성자와 중성자로 이루어짐.

▲ 원자의 구조

3. 원자의 전기적 성질
① 양성자는 ⓓ 전하, 전자는 (-)전하를 띠며, 두 입자가 띠는 전하의 양은 같음.
② 원자의 종류와 관계없이 한 원자 내에서 양성자 수와 전자 수는 항상 같음.
③ 양성자가 띠는 (+)전하의 전체 양과 전자가 띠는 (-)전하의 전체 양이 같아서 원자는 전하를 띠지 않음.

ⓐ 입자 ⓑ 전자 ⓒ 원자핵 ⓓ (+)

과학퀴즈 🧪 달인을 찾아라!

●정답은 111쪽에

01

친구들이 이번 시간에 배운 내용에 대해 이야기하고 있어. 옳으면 O, 옳지 않으면 X를 표시해 줘.

① 원자는 물질을 이루는 기본 성분이야. (   )
② 전자는 원자핵보다 질량이 커. (   )
③ 원자는 (+)전하도, (-)전하도 띠지 않아. (   )

02

선생님이 친구들에게 문제를 하나 냈어. 답을 맞히면 아이스크림을 상품으로 주신대. 문제를 풀고 답을 적어 친구들이 아이스크림을 먹을 수 있게 도와줘.

문제

아래의 힌트 속 빈칸에 들어갈 기호나 숫자를 차례대로 넣어 식을 완성하시오.

$$6\,\Box\,4\,\Box\,\Box = \Box$$

힌트1 원자핵은 ☐전하, 전자는 ☐전하를 띠어.
힌트2 원자 속 양성자 수가 3개면, 전자 수도 ☐개야.

5교시 | 분자

사탕을 계속 쪼개도 단맛이 날까?

아까워라! 사탕이 다 깨져 버렸잖아.

쪼개져도 맛은 여전히 달콤해!

교과연계

초 **3-1** 물질의 성질
중 **2** 물질의 구성

사탕이 쪼개져서 원자가 돼도 달겠지?

과연 그럴지 알아보자!

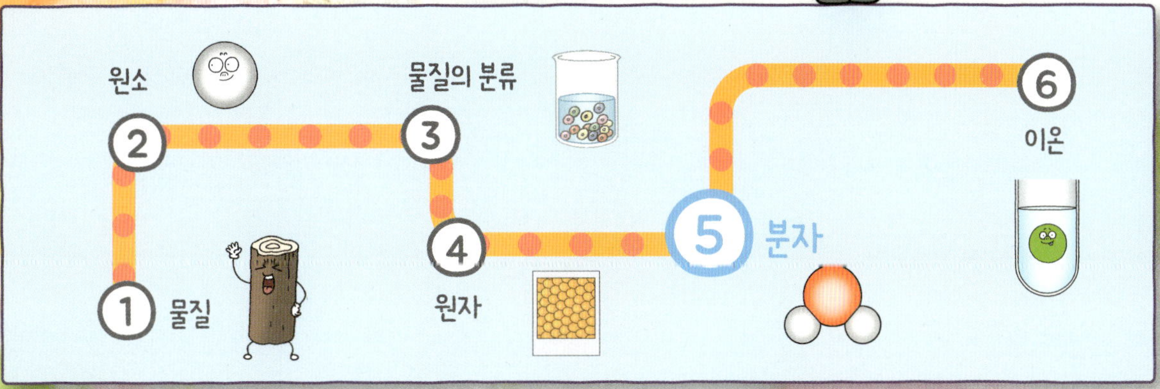

1 물질 — 2 원소 — 3 물질의 분류 — 4 원자 — 5 분자 — 6 이온

조용한 과학실에 우두둑거리는 소리가 울려 퍼졌다.

"이게 무슨 소리지?"

"헉, 내가 실수로 바닥에 떨어져 있던 사탕을 밟았어. 사탕이 산산조각으로 깨졌네."

곽두기가 울상을 지으며 말했다.

"사탕이 포장지에 싸여 있어서 그나마 다행이야. 쪼개지긴 했지만 먹을 수 있고, 단맛도 계속 나잖아!"

"맞아. 한입에 털어 넣으면 되지!"

그때 곽두기가 무언가 떠오른 듯 손가락을 튕겼다.

"참, 사탕을 쪼개다 보면 원자가 된다고 했잖아. 사탕을 이루는 원자도 단맛이 날까?"

"글쎄……?"

설탕 맛을 내는 가장 작은 입자는?

"오호, 그것참 흥미로운 수업 주제인걸?"

용선생이 작은 통에서 덩어리 설탕 하나를 꺼낸 뒤 말을 이었다.

"사탕이 단맛이 나는 건 설탕으로 만들어졌기 때문이야. 지금 선생님이 들고 있는 덩어리 설탕이 쪼개져 가루가 되어도 계속 단맛이 날까?"

▲ 덩어리 설탕

"그야 당연하죠."

"그래. 설탕 가루가 잘게 쪼개져도 계속 단맛이 난단다. 하지만 쪼개고 쪼개다 보면 결국에는 단맛을 내지 않는 입자가 되고 말지."

"안 돼요. 제가 단맛을 얼마나 좋아하는데요!"

허영심이 어깨를 축 늘어뜨리며 슬퍼하고 있는데 나선애가 손을 들고 질문했다.

"그럼 설탕이 얼마나 작은 입자까지 쪼개져야 단맛이 사라지는 거예요?"

"설탕을 이루는 입자 중에서 단맛을 내는 가장 작은 입자가 바로 설탕 분자란다. 분자는 물질의 성질을 나타내는 가장 작은 입자이지. 분자가 더 쪼개지면 원자가 되는데 설탕이 원자까지 쪼개지면 단맛을 내는 성질은 사라져."

"설탕 분자까지만 단맛이 나고 원자로 쪼개지면 단맛이 사라진다니……. 설탕이 원자까지 안 쪼개지게 조심해야겠어요."

"어이구, 우리 눈에 보이지도 않을 만큼 엄청 작을 텐데 우리가 어떻게 쪼개냐!"

장하다의 말에 나선애가 핀잔을 주었다.

"하하, 다들 지난번에 배웠던 물 입자 기억하니? 그 물 입자가 바로 물 분자야. 물 분자가 쪼개져서 수소 원자와 산소 원자로 나누어지면 더 이상 물의 성질을 나타내지 않지. 참, 과자 봉지 안에는 어떤 기체가 들어 있다고 했지?"

"질소 기체요."

왕수재가 자신만만하게 대답했다.

"잘 기억하고 있는걸? 질소 기체는 다른 물질과 잘 반응하지 않는 성질이 있어서, 질소 기체로 과자 봉지를 채우면 과자의 맛과 냄새가 변하지 않아. 여기서 질소 기체는 질소 분자로 이루어졌단다. 질소 분자는 질소 기체의 성질을 나타내는 가장 작은 입자이지. 질소 분자가 쪼개져 질소 원자가 되면 질소 기체의 성질은 사라져 버려."

"설탕 분자, 물 분자, 질소 분자 모두 원자로 쪼개지면 물

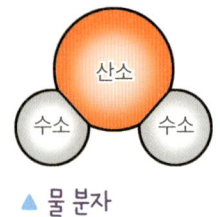
▲ 물 분자

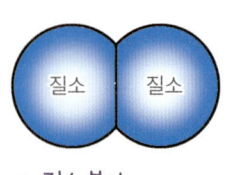
▲ 질소 분자

질의 성질이 사라지는군요."

분자는 물질의 성질을 나타내는 가장 작은 입자야.

덩어리 설탕
"난 단맛이 나."

우리 주변에 있는 분자는?

그때 곽두기가 손을 들고 질문했다.

"우리 주변에는 또 어떤 분자가 있어요?"

"좋아. 우리를 감싸고 있는 공기를 보자. 공기에는 질소, 산소, 아르곤 등 여러 기체가 섞여 있어. 각 기체가 어떤 분자로 이루어졌는지 보여 줄게."

용선생이 화면을 띄웠다.

설탕 가루
"나도 단맛이 나지롱."

설탕 분자
"나도 단맛이 난다고!"

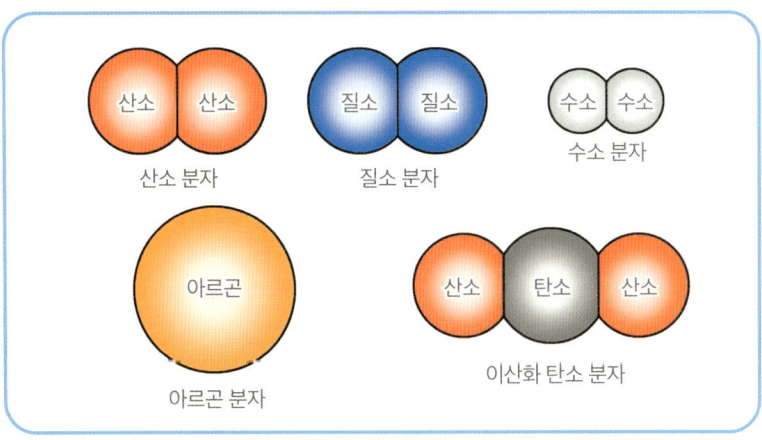
▲ 공기 속에 들어 있는 분자

설탕을 이루는 원자
"우린 단맛이 안 나는데…."

용선생의 과학 현미경

분자 중에는 드물지만 한 개의 원자로 이루어진 것도 있어. 이러한 분자를 단원자 분자라고 해. 단원자 분자에는 헬륨 분자, 아르곤 분자, 네온 분자 등이 있어.

"오호, 분자를 이루는 원자의 개수가 다 다르네요?"

"그렇지? 아르곤 분자는 원자 한 개로 이루어졌어. 산소, 질소, 수소 분자는 원자 두 개, 이산화 탄소 분자는 원자 세 개로 이루어졌지. 이렇듯 분자를 이루는 원자의 개수는 분자마다 달라. 이번엔 각 분자를 이루는 원자의 종류가 어떠한지 살펴볼래?"

"음, 아르곤 분자는 아르곤 원자로 이루어졌고, 산소, 질소, 수소 분자도 각각 산소, 질소, 수소 원자로 이루어졌네요. 모두 한 종류의 원자로 이루어졌어요."

그때 나선애가 무언가 발견한 듯 화면을 손가락으로 가리키며 말했다.

"이산화 탄소는 산소 원자랑 탄소 원자로 이루어졌어요. 분자를 이루는 원자의 종류가 두 가지예요!"

"그래. 분자는 한 종류의 원자로 이루어진 것도 있고, 앞에서 보았던 물 분자나 이산화 탄소 분자처럼 두 종류 이상의 원자로 이루어진 것도 있단다."

"그나저나 선생님, 설탕 분자는 어떻게 생겼어요?"

왕수재가 안경을 쓱 올리며 물었다.

"설탕 분자는 산소, 탄소, 수소 원자 총 45개로 이루어졌어. 화면을 보렴!"

"헉, 이게 설탕 분자라고요? 분자를 이루는 원자의 개수가 많아서 그런지 엄청 복잡해 보여요."

"하하, 그렇지? 분자 중에는 설탕 분자처럼 수십 개의 원자로 이루어진 분자들도 있단다."

"그렇군요. 분자를 이루는 원자는 종류도, 개수도 정말 다양하네요."

▲ 설탕 분자

핵심정리

분자에는 아르곤 분자나 질소 분자처럼 한 종류의 원자로 이루어진 것도 있고, 이산화 탄소 분자처럼 여러 종류의 원자로 이루어진 것도 있어.

분자를 이루는 원자의 개수가 다르면?

용선생이 화면에 분자 모형 두 개를 띄웠다.

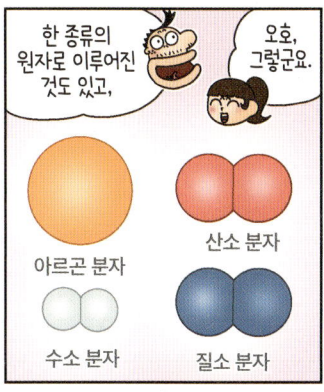

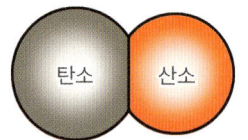 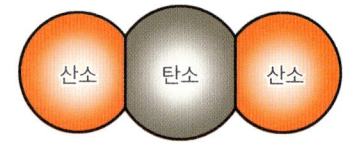

▲ 일산화 탄소 분자　　▲ 이산화 탄소 분자

"둘 다 탄소 원자랑 산소 원자로 이루어졌네요? 오른쪽 분자는 이산화 탄소 분자이고, 왼쪽 분자는 뭐예요?"

"왼쪽 분자는 일산화 탄소 분자란다. 일산화 탄소와 이산화 탄소 분자 모두 공기 속에 들어 있지. 그런데 각 분자를 이루고 있는 원자 개수가 조금 다르지?"

"네. 이산화 탄소 분자가 일산화 탄소 분자보다 산소 원자가 한 개 더 많아요."

"맞아. 그렇다면 두 분자의 성질은 어떨 것 같니? 비슷할까, 다를까?"

용선생의 질문에 아이들이 저마다 생각에 잠겼다.

"흠, 같은 종류의 원자로 이루어졌고, 원자 개수도 별로 차이가 안 나니까 성질도 비슷하지 않을까요?"

"하하, 놀랍게도 두 분자는 성질이 매우 달라. 일산화 탄소는 불에 잘 타고 공기 중에서 위로 뜨는 성질이 있어. 반면 이산화 탄소는 불에 타지 않고 공기 중에서 가라앉는 성질이 있지."

나선애의 과학 사전

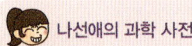 공기보다 가볍고, 색깔과 냄새가 없는 기체야. 사람의 몸에 산소가 공급되는 것을 방해하기 때문에 많이 들이마시면 위험해.

"산소 원자 한 개 차이인데 성질은 전혀 다르네요!"

허영심이 눈을 동그랗게 뜨고 말했다.

"그렇지? 분자를 이루는 원자의 종류가 같더라도 원자의 개수가 한 개라도 다르면 다른 분자야. 따라서 성질이 다르지. 또 다른 예도 살펴보자."

용선생이 화면을 넘겼다.

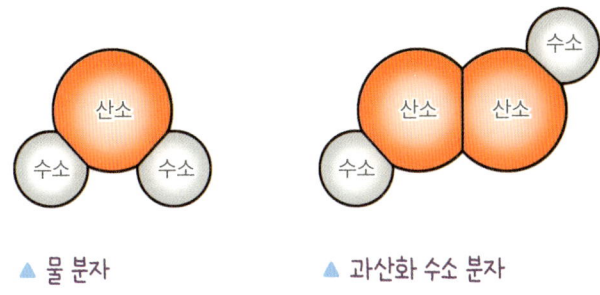

▲ 물 분자　　　　▲ 과산화 수소 분자

"왼쪽 분자는 물 분자이고 오른쪽 분자는 과산화 수소 분자야."

"과산화 수소 분자가 물 분자보다 산소 원자가 한 개 더 많아요."

곽두기가 손가락으로 화면을 가리키며 말했다.

"그래. 물은 보통 투명한 액체 상태이고, 피부에 닿아도 아무런 문제가 없어. 그래서 우리는 씻을 때 물을 사용하지. 반면 과산화 수소는 옅은 푸른색을 띠는 투명한 액체로 피부에 닿으면 피부를 손상시킨단다."

"이번에도 산소 원자 한 개 차이인데 두 분자의 성질이 전혀 다르군요."

"맞아. 이 분자들도 보렴."

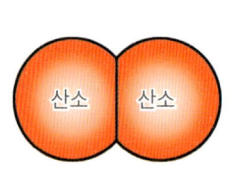
▲ 산소 분자

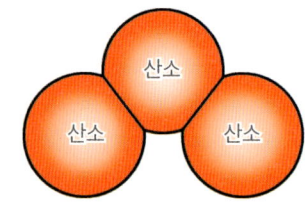
▲ 오존 분자

"왼쪽은 산소 분자고, 다른 하나는 뭐예요?"

"오른쪽은 오존 분자야."

"이번에는 두 분자 모두 산소 원자로만 이루어졌네요. 이 두 분자도 성질이 달라요?"

"그래. 산소는 색과 냄새가 없고 사람이 숨을 쉬는 데 꼭 필요해. 반면 오존은 연푸른색이면서 톡 쏘는 냄새가 나. 또 많이 들이마시면 폐가 망가져 숨쉬기가 어려워지지."

용선생의 말에 장하다가 깜짝 놀란 표정을 지었다.

"헉, 산소 원자가 하나 더 많은 오존 분자가 숨을 쉴 때 더 도움이 될 줄 알았는데……."

"하하, 이처럼 분자를 이루는 원자의 종류가 같더라도 원자 개수가 한 개라도 다르면 분자의 성질은 달라."

용선생의 과학 현미경

오존이 우리 몸에 해롭기만 한 건 아니야. 땅에서 약 25 km 높이에는 오존이 많이 모여 있는 오존층이 있는데, 오존층은 태양에서 오는 해로운 빛을 흡수해 지구의 생물체를 보호해.

"그렇군요. 분자를 이루는 원자의 종류만 보고 분자의 성질을 판단하면 안 되겠어요."

모두 고개를 끄덕거리는데 허영심이 휴대 전화를 쳐다보며 말했다.

"오늘은 수업 마치면 곧바로 집에 가야겠어!"

"왜? 오늘 다 같이 놀이터에서 놀기로 했잖아."

장하다가 실망한 표정으로 물었다.

▲ 오존 수치를 알려 주는 전광판
오존은 우리 몸에 해로워서 공기 중에 얼마나 있는지 측정해.

"일기 예보를 봤더니 공기 중에 오존이 많대! 오존 분자는 산소 분자랑 다르게 숨 쉬는 데 안 좋잖아!"

"하하, 영심이가 배운 내용을 잘 활용하는구나. 좋아, 오늘 수업은 이쯤 하고 얼른 집에 가자!"

분자를 이루는 원자의 종류가 같더라도 원자의 개수가 다르면 서로 다른 분자이므로 분자의 성질이 달라.

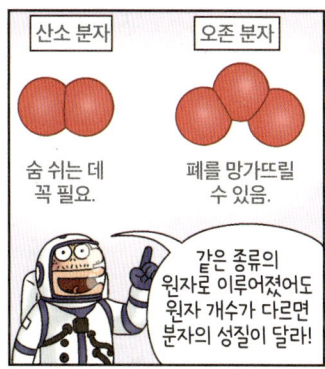

나선애의 정리노트

1. 분자
① 물질의 ⓐ_____ 을 나타내는 가장 작은 입자
② 분자가 쪼개져 원자가 되면 그 물질의 성질이 사라짐.

2. 분자의 구조와 성질
① 분자는 한 종류의 원자로 이루어지기도 하고, 여러 종류의 원자로 이루어지기도 함.
  • 한 종류의 원자로 이루어진 분자: 질소, 수소, 산소, 아르곤 분자 등
  • 여러 종류의 원자로 이루어진 분자: 이산화 탄소, 설탕 분자 등
② 분자를 이루는 ⓑ_____ 의 종류가 같아도 개수가 다르면 다른 분자이므로 성질이 다름.

ⓒ_____ 분자	ⓓ_____ 분자
탄소 산소	산소 탄소 산소
불에 잘 타고 공기 중에서 위로 뜸.	불에 타지 않고 공기 중에서 가라앉음.

ⓐ 성질 ⓑ 원자 ⓒ 일산화 탄소 ⓓ 이산화 탄소

 **과학퀴즈** 달인을 찾아라!

●정답은 111쪽에

01

친구들이 이번 시간에 배운 내용에 대해 이야기하고 있어. 옳으면 O, 옳지 않으면 X를 표시해 줘.

① 설탕을 이루는 원자들은 설탕의 단맛이 나지 않아. (   )
② 분자는 한 종류의 원자로만 이루어졌어. (   )
③ 일산화 탄소 분자와 이산화 탄소 분자는 성질이 똑같아. (   )

02

커튼에 어떤 분자의 그림자가 비치고 있어. 아래 힌트 를 읽고 어떤 분자인지 찾아 동그라미로 표시해 봐.

힌트1 산소 분자를 이루는 원자와 같은 종류의 원자로 이루어졌어.
힌트2 산소 분자와 달리 많이 들이마시면 폐가 망가져 숨쉬기가 어려워져.

| 물 분자 | 이산화 탄소 분자 | 오존 분자 |

| 용선생의 과학 카페 | 용선생의 한국사 카페 | 용선생의 세계사 카페 |

https://cafe.naver.com/yongyong

용선생의 과학 카페

과학계의 핵인싸,
용선생의 과학 카페에
오신 걸 환영합니다.

Log in

MENU

물리면 아프다
화학이 화하하
생물 오징어
지구는 둥글다

한 개의 원자로 이루어진 분자들의 특징은?

한 개의 원자로 이루어진 분자를 단원자 분자라고 해. 대표적인 단원자 분자로는 헬륨, 네온, 아르곤, 크립톤, 제논 분자 등이 있어. 단원자 분자들은 공통적으로 색과 냄새가 없고, 다른 물질과 잘 반응하지 않는다는 성질이 있지. 특히 다른 물질과 잘 반응하지 않는 성질 때문에 여기저기 유용하게 활용돼.

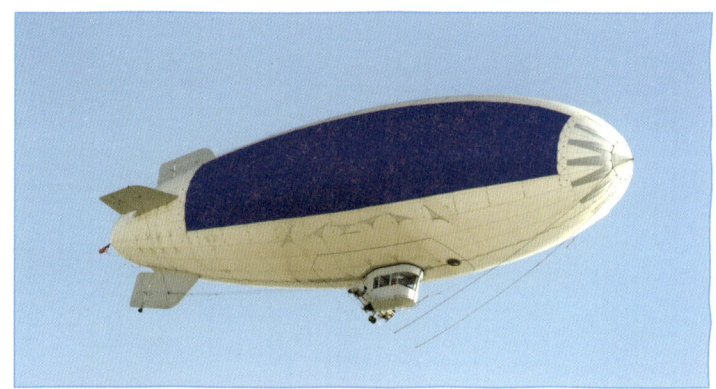

▲ 비행선은 헬륨 기체로 채워져 있어.

먼저 헬륨은 비행선을 채우는 기체로 쓰여. 비행선을 하늘에 띄울 수 있을 정도로 매우 가벼울 뿐만 아니라 공기 중의 산소와 반응하지 않아 폭발할 위험이 거의 없기 때문이지.

공기와 만나면 성질이 변하는 물질을 보관할 때에는 아르곤을 쓴단다. 공기 중에서 손상되기 쉬운 문서나 금속 물질 등을 밀폐 용기에 넣고, 아르곤으로 용기 안을 채우면 물질이 원래 상태를 계속 유지할 수 있어.

▲ 용기 안에 아르곤을 채워 칼슘이 변하지 않게 보호해.

한편 단원자 분자로 이루어진 기체는 전기가 흐르면 서로 다른 색의 빛을 낸단다. 그래서 네온사인 같은 조명으로 많이 이용돼. 혼자 쓰이기도 하고, 다른 물질과 섞여 새로운 색을 만들어 내기도 하지.

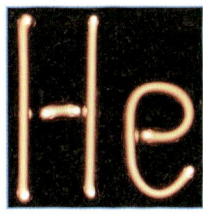
헬륨

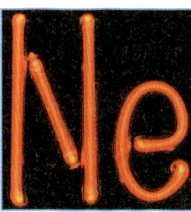
네온

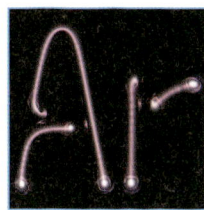
아르곤

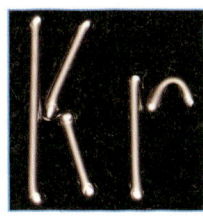
크립톤

제논

▲ 단원자 분자로 이루어진 기체에 전기가 흐를 때 나는 빛

- 장하다의 오답을 피하는 방법
- 나선애의 야무진 실험실
- 왕수재의 아는 척 과학교실
- 허영심의 별 헤는 밤
- 곽두기의 빅뱅 따라잡기

▲ 피자 가게의 네온사인

COMMENTS

나는 단원자 분자로 이루어진 기체들과는 전혀 다른 것 같아.
└ 어떤 점이?
└ 간식 앞에서 반응을 너무 잘해!
└ 그런 반응이 아니잖아!

6교시 | 이온

이온 음료에 녹아 있는 입자는?

나선애가 한바탕 축구를 하고는 지친 표정으로 과학실에 들어왔다.

"으아, 목말라. 누구 물 있는 사람?"

"물은 없고, 시원한 음료수는 있는데 마실래?"

허영심이 가방에서 음료수를 꺼냈다.

"우아! 고마워, 영심아."

나선애가 음료수를 건네받아 마시자 그 모습을 곽두기가 빤히 쳐다봤다.

"두기야, 왜? 너도 마시고 싶어?"

"아니, 음료수병에 글자가 적혀 있길래. 이온 음료라고 적혀 있는데 이온이 뭔지 알아?"

"이온? 음료수 이름인가?"

"흠, 이따 선생님께 여쭤보자."

이온을 소개할게!

수업 시간이 되자 곽두기가 질문했다.

"선생님, 음료수병에 이온 음료라고 적혀 있던데, 이온이 뭐예요?"

"이온이 뭔지 궁금하구나? 지난번에 배운 원자의 구조를 생각해 보자. 원자를 이루는 원자핵과 전자가 전하를 띤다고 했어. 이온은 원자핵과 전자처럼 전하를 띠는 입자야. 원자가 전하를 띠게 되면 이온이 되지."

"네? 원자는 전하를 띠지 않잖아요. 원자가 어떻게 전하를 띠게 되는 거예요?"

"다들 원자의 구조를 떠올려 볼래?"

"음…… 원자 중심에 원자핵이 있고, 전자가 원자핵 주위를 움직였어요."

"맞아! 그런데 원자의 종류에 따라 원자가 전자를 잃거나 얻기도 해. 원자는 전하를 띠지 않지만 전자를 잃거나 얻으면 전하를 띠게 되지. 이런 식으로 전하를 띠게 된 입자가 바로 이온이란다."

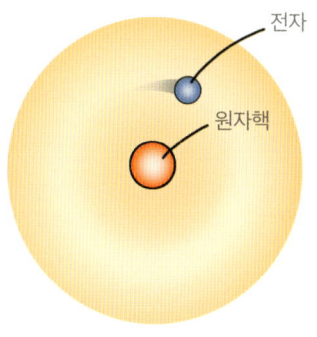

▲ 수소 원자의 구조

그때 허영심이 손을 번쩍 들고 말했다.

"원자가 전자를 잃거나 얻으면 왜 전하를 띠게 돼요? 좀 더 자세히 설명해 주세요."

"좋아. 먼저 원자가 전자를 잃으면 어떻게 되는지부터 알아보자."

용선생이 화면을 띄웠다.

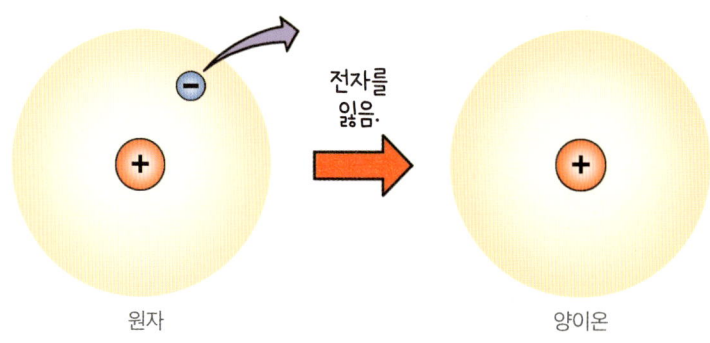

▲ 양이온이 만들어지는 과정

"전자가 (-)전하를 띠기 때문에 원자가 전자를 잃으면 원자 속 (-)전하의 양이 줄어. 그러면 원자 속 (+)전하의 양이 (-)전하의 양보다 많아지고, 원자는 (+)전하를 띠게 돼. (+)전하를 띠는 이 입자를 양이온이라고 한단다."

"오호, 별로 안 어렵네요!"

"반대로 원자가 전자를 얻으면 원자 속 (-)전하의 양이 늘어. 따라서 원자 속 (-)전하의 양이 (+)전하의 양보다 많아져서 원자가 (-)전하를 띠게 되지. (-)전하를 띠는 이 입자를 음이온이라고 해."

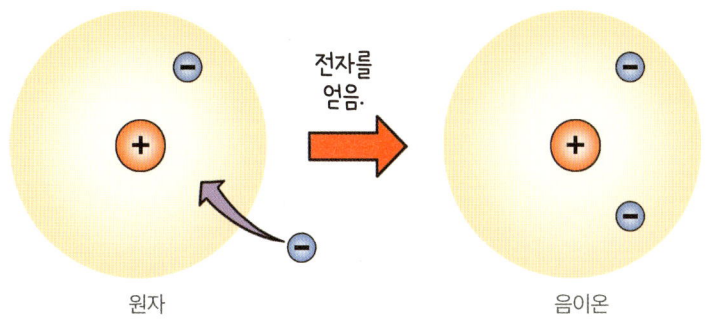

▲ 음이온이 만들어지는 과정

"한마디로 원자가 전자를 잃으면 양이온이 되고, 전자를 얻으면 음이온이 되는 거군요!"

나선애가 자신 있게 말했다.

"맞아! 그런데 전자를 잃기 쉬운 원자와 전자를 얻기 쉬운 원자는 대부분 정해져 있어. 다시 말해 양이온이 되는 원자, 음이온이 되는 원자가 대부분 정해져 있지."

"아하, 그렇군요."

"한편 원자 중에는 전자를 잃지도, 얻지도 않으려는 원자들도 있단다. 헬륨, 네온, 아르곤 같은 원자들이야. 이러한 원자들은 이온이 되는 경우가 없어."

"음, 모든 원자가 이온이 될 수 있는 건 아니군요."

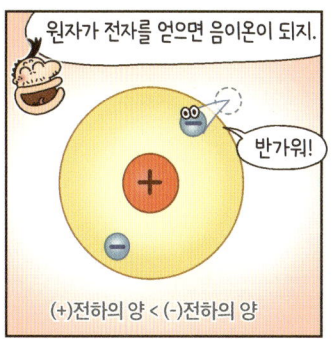

 핵심정리

원자가 전자를 잃거나 얻어 전하를 띠게 된 입자를 이온이라고 해. (+)전하를 띠는 이온은 양이온, (-)전하를 띠는 이온은 음이온이라고 하지.

 ## 우리 주변에 있는 이온은?

용선생이 먹다 남은 음료수병을 흔들며 말했다.

"예상했겠지만 너희들이 마시는 이온 음료는 말 그대로 이온이 들어 있는 음료야."

"이온 음료 속에는 어떤 이온이 들어 있어요?"

"나트륨 이온, 칼륨 이온, 칼슘 이온, 마그네슘 이온, 염화 이온 등이 들어 있어."

 용선생의 과학 현미경

염소 원자가 전자를 얻으면 염화 이온이 돼.

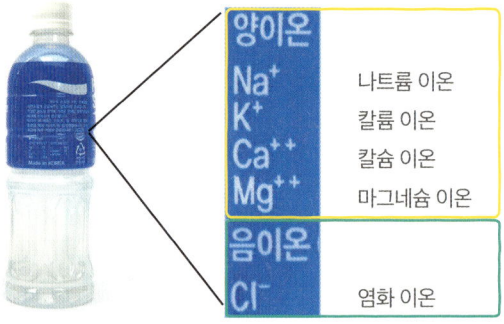

▲ 이온 음료에 들어 있는 이온들

"오호, 이온 음료에 꽤 다양한 이온이 들어 있네요. 그런데 이온 음료 말고 다른 곳에도 이온이 있어요?"

"그럼. 이온은 우리 주변 곳곳에 있어. 우리가 이를 닦을 때 쓰는 치약에는 나트륨 이온과 플루오린화 이온이 들어 있어. 또 휴대 전화 배터리 안에도 리튬 이온이 들어 있지."

"정말 여기저기에 이온이 들어 있군요!"

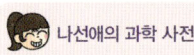 **나선애의 과학 사전**

플루오린 옅은 노란색을 띠며 보통 기체 상태로 있고 독성이 강해. 치약에는 아주 적은 양만 들어 있어서 양치질을 한 뒤 물로 잘 헹궈 내면 몸에 별다른 영향을 주지 않아. 불소라고도 하지.

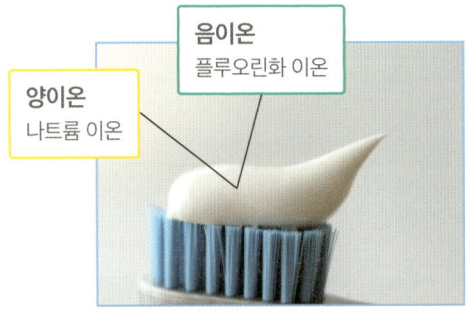

▲ 치약에 들어 있는 이온

양이온 나트륨 이온
음이온 플루오린화 이온

▲ 휴대 전화 배터리에 들어 있는 이온

양이온 리튬 이온

"우리가 쓰는 제품만이 아니야. 자연 곳곳에도 이온이 있어. 예를 들어 바닷물에도 여러 가지 이온이 있단다."

"오호, 바닷물에 어떤 이온이 있는데요?"

곽두기가 눈을 동그랗게 뜨며 물었다.

"바닷물에는 염화 이온과 나트륨 이온이 많이 들어 있어. 이 외에도 황산 이온, 마그네슘 이온, 칼슘 이온, 칼륨 이온 등도 들어 있지. 땅속을 흐르는 지하수에는 칼슘 이온과 탄산 이온이 많이 들어 있어."

> **나선애의 과학 사전**
> 황산 이온 황과 산소로 이루어진 이온이야.

> **나선애의 과학 사전**
> 탄산 이온 탄소와 산소로 이루어진 이온이야.

▲ 바닷물에 들어 있는 이온

양이온 나트륨 이온, 마그네슘 이온, 칼슘 이온, 칼륨 이온
음이온 염화 이온, 황산 이온

▲ 지하수에 들어 있는 이온

양이온 칼슘 이온
음이온 탄산 이온

"선생님, 우리는 이온이 든 음료를 마시잖아요? 혹시 우리 몸속에도 이온이 있어요?"

"예리한걸? 우리 몸속에도 다양한 이온이 있어. 치아에는 칼슘 이온, 혈액에는 철 이온 등이 들어 있지."

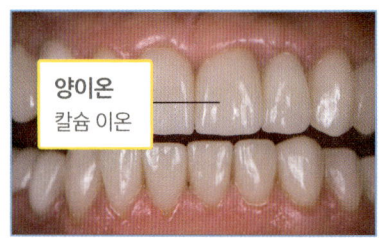
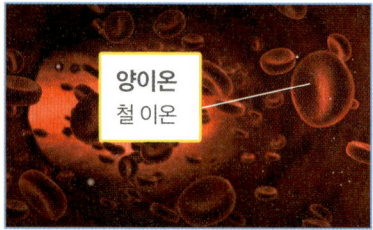

▲ 치아에 들어 있는 이온　　　▲ 혈액에 들어 있는 이온

"이온 음료뿐 아니라 우리가 쓰는 제품, 자연, 우리 몸까지! 이온이 이렇게나 다양한 곳에 있을 줄이야!"

이온은 우리가 쓰는 제품, 자연, 우리 몸에 이르기까지 우리 주변 곳곳에 있어.

 ## 보이지 않는 이온을 확인하려면?

"그나저나, 이온은 눈에 안 보이잖아요. 그런데 물질 속

에 어떤 이온이 들었는지 어떻게 알아요?"

허영심이 볼을 긁적이며 물었다.

"이온은 원자만큼이나 작아서 우리 눈에 보이지 않지만, 몇몇 이온의 경우 비교적 쉽게 확인하는 방법이 있어."

"어떤 방법이에요?"

"이온 음료, 바닷물, 지하수에 이온이 들어 있는 것처럼 이온은 보통 물에 녹아 있어. 그런데 특정한 양이온과 음이온이 만나면 물에 녹지 않는 물질로 변한단다. 이런 물질을 앙금이라 하고, 앙금이 생기는 반응을 앙금 생성 반응이라고 하지. 앙금 생성 반응을 이용하면 물질에 어떤 이온이 들어 있는지 알 수 있어."

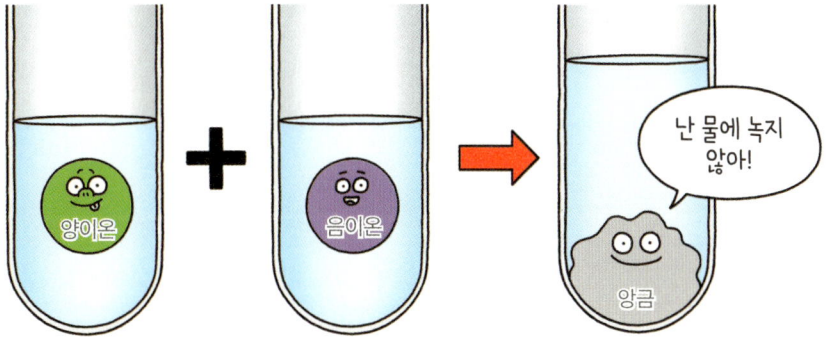

▲ 특정한 양이온과 음이온이 만나면 물에 녹지 않는 앙금이 생겨.

"물에 녹아 있는 양이온과 음이온이 만나서 물에 녹지 않는 물질이 생긴다고요? 신기해요!"

"대표적인 앙금으로는 염화 은 앙금이 있어. 염화 은 앙금은 양이온인 은 이온과 음이온인 염화 이온이 만나 생기는 앙금이야. 이 사진을 보렴."

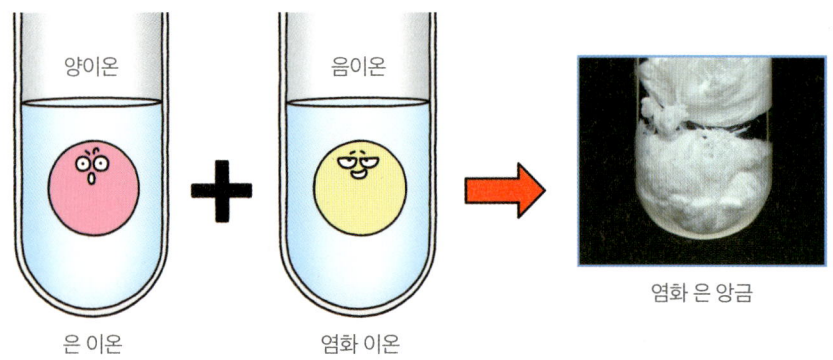

▲ 은 이온과 염화 이온이 만나면 흰색 염화 은 앙금이 만들어져.

"흰색 앙금이네요!"

"그래. 이처럼 물질에 이온을 넣었을 때 어떤 앙금이 생기는지를 보면 물질에 든 이온을 쉽게 확인할 수 있어. 실제로 앙금 생성 반응을 이용하여 물질 속에 들어 있는 위험한 이온을 알아내기도 해."

"좀 더 자세히 알려 주세요."

"공장 폐수 속에는 우리 몸에 굉장히 해로운 물질들이 이온 상태로 녹아 있는데 그중 하나가 납이야. 공장에서는 폐수를 밖으로 내보내기 전에 납 같은 해로운 물질들을 반드시 제거해야 하지. 납 이온이 다 제거되었는지 확인할

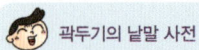 곽두기의 낱말 사전

폐수 폐할 폐(廢) 물 수(水). 공장이나 광산 등지에서 쓰고 난 뒤 버리는 오염된 물을 말해.

나선애의 과학 사전

납 은색이면서 약한 푸른 빛이 나는 금속이야. 전기 에너지를 저장하는 장치인 축전기에 사용돼.

때 앙금 생성 반응을 이용할 수 있어."

"오호, 납 이온이 다른 이온이랑 만나면 앙금이 생기나 보군요."

"맞아. 납 이온과 아이오딘화 이온이 만나면 노란색 앙금이 생겨. 공장 폐수에 아이오딘화 이온을 넣어 노란색 앙금이 생겼다면 납 이온이 남아 있는 거야."

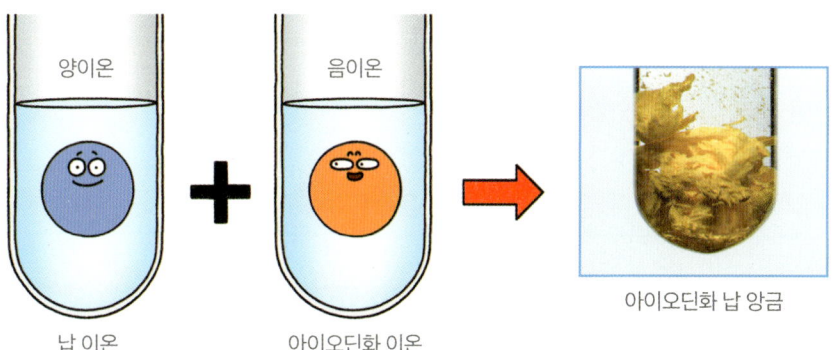

▲ 납 이온과 아이오딘화 이온이 만나면 노란색 아이오딘화 납 앙금이 만들어져.

"와, 앙금 생성 반응을 우리 생활에 쓸모 있게 활용할 수도 있군요!"

"그렇지? 자, 이쯤이면 이온에 대해서도 충분히 배운 것 같구나. 물질의 구성 수업은 이걸로 끝!"

핵심정리

특정한 양이온과 음이온이 만나면 물에 녹지 않는 물질인 앙금이 생겨. 앙금 생성 반응을 통해 물질에 들어 있는 이온의 종류를 알아낼 수 있어.

나선애의 정리노트

1. 이온

① 원자가 전자를 잃거나 얻어 ⓐ _____ 를 띠게 된 입자
- 양이온: 원자가 전자를 잃어 (+)전하를 띠는 입자
- ⓑ _____ : 원자가 전자를 얻어 (-)전하를 띠는 입자

② 이온은 우리 주변 곳곳에 있음.

[예] 이온 음료: 나트륨 이온, 칼륨 이온, 칼슘 이온 등
　　지하수: 칼슘 이온, 탄산 이온 등
　　우리 몸: 칼슘 이온, 철 이온 등

2. 앙금 생성 반응

① 특정한 양이온과 음이온이 만나면 물에 녹지 않는 물질인 ⓒ _____ 이 생김.

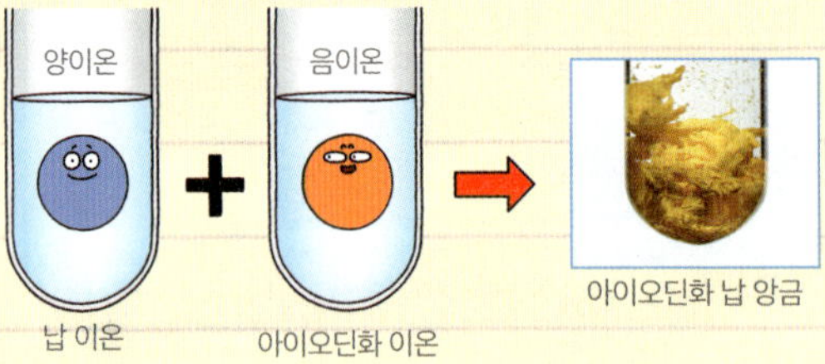

양이온 + 음이온 → 아이오딘화 납 앙금
납 이온 　아이오딘화 이온

② 물질에 든 이온의 종류를 확인할 때 쓰임.

[예] 공장 폐수에 납 이온이 남아 있는지를 확인할 때 아이오딘화 이온을 넣어 ⓓ _____ 색 앙금이 생기는지 확인함.

ⓐ 전하 ⓑ 음이온 ⓒ 앙금 ⓓ 노란

 과학퀴즈 달인을 찾아라!

●정답은 111쪽에

01

친구들이 이번 시간에 배운 내용에 대해 이야기하고 있어. 옳으면 O, 옳지 않으면 X를 표시해 줘.

① 원자가 전자를 잃으면 음이온이 돼. (   )
② 이온은 우리 몸속에도 있어. (   )
③ 특정한 양이온과 음이온이 만나면 앙금이 생겨. (   )

02

허영심이 연극에서 입을 의상이 다른 의상들과 섞여 버렸어. 허영심이 입을 연극 의상의 색깔은 종이에 적힌 앙금의 색깔과 같대. 여러 가지 옷 중에서 허영심의 연극 의상을 찾아 동그라미로 표시해 봐.

< 연극 의상: 허영심 >
상의 - 아이오딘화 납 앙금
하의 - 염화 은 앙금

용선생의 과학 카페 | 용선생의 한국사 카페 | 용선생의 세계사 카페

https://cafe.naver.com/yongyong

용선생의 과학 카페

과학계의 핵인싸,
용선생의 과학 카페에
오신 걸 환영합니다.

Log in

MENU

물리면 아프다
화학이 화하하
생물 오징어
지구는 둥글다

옛날 사람들도 앙금 생성 반응을 이용했다고?

사극 드라마에서 임금이 음식을 먹기 전에 기미 상궁이 음식에 은 숟가락을 넣는 장면을 본 적이 있니? 임금이 먹을 음식에 은 숟가락을 넣는 건 음식물 속에 독이 들어 있는지를 확인하기 위해서야. 그런데 옛날 사람들이 독을 확인하기 위해 사용했던 이 방법에는 앙금 생성 반응의 원리가 숨어 있어.

옛날에 주로 사용하던 독은 황과 비소로 이루어진 화합물이야. 그런데 독에서 나온 황화 이온이 은 이온과 만나면 황화 은이라는 검은색 앙금이 생겨. 음식물에 독이 들어 있을 경우 음식물 속 황화 이온이 숟가락에서 나온 은 이온과 반응하여 숟가락이 검게 변하지. 옛날 사람들은

▲ 황과 비소의 화합물

▲ 은으로 만든 식기에 황화 은 앙금이 생겼어.

은 숟가락이 검게 변하는 걸 보고 음식에 독이 있는지를 확인했어. 한편 달걀 요리를 은으로 만든 식기로 푸거나 집을 때에도 식기가 검게 변해. 달걀에 든 황화 이온이 식기에서 나온 은 이온과 만나 검은색 앙금이 생기기 때문이야. 그런데 은 식기의 색깔이 검게 변했다고 달걀에도 독이 들어 있는지 걱정할 필요는 없단다. 독 안에 황화 이온이 들어 있는 것일 뿐 황화 이온 자체에는 독이 없거든!

걱정하지 말고 먹으렴.

COMMENTS

- 달걀에 독이 든 게 아니라 정말 다행이야.
  - 그럼 난 오늘 달걀찜 먹을래!
  - 난 달걀말이!
  - 난 삶은 달걀!

가로세로 퀴즈

물질의 구성에 관한 가로세로 퀴즈야. 빈칸을 채워 봐.
띄어쓰기는 무시해도 돼.

가로 열쇠

① 원자가 전자를 잃거나 얻어 전하를 띠게 된 입자
② 흰색에 짠맛이 나는 순물질
③ 물체를 만드는 재료
④ 물질을 이루는 기본 성분
⑤ 원자를 이루는 입자 중 (−)전하를 띠는 입자
⑥ 두 가지 이상의 원소로 이루어진 순물질
⑦ 원자핵을 이루는 입자 중 (+)전하를 띠는 입자

세로 열쇠

❶ 탄소와 산소로 이루어져 있으며 불에 타지 않고 공기 중에서 가라앉는 성질이 있는 물질
❷ 고유의 향과 무늬가 있고 물에 뜨며 책상을 만드는 데 쓰이는 물질
❸ 과자 봉지를 채울 때 사용하는 기체를 이루는 원소
❹ 원자의 중심에 있으며, 원자 질량의 대부분을 차지하는 입자
❺ 두 가지 이상의 물질이 성질이 변하지 않은 채 섞여 있는 것
❻ 은 이온과 염화 이온이 만나서 생기는 앙금
❼ 물질의 성질을 나타내는 가장 작은 입자

●정답은 111쪽에

교과서 속으로

교과서에서는 어떻게 배울까?

초등 3학년 1학기 과학 | 물질의 성질

물질은 우리 생활에서 어떻게 이용될까?

- **물질**
  - 물체를 만드는 재료
  - 물질에는 금속, 플라스틱, 나무, 고무 등이 있다.

- **물질의 이용**
  - 물질마다 서로 다른 성질이 있다.
  - 물체의 기능에 알맞은 물질을 선택하여 물체를 만들면 사용하기에 더 좋다.

 한 가지 물질로 여러 가지 물체를 만들기도 해!

초등 3학년 1학기 과학 | 물질의 성질

서로 다른 물질을 섞으면 물질의 성질은 어떻게 될까?

- **물질을 섞었을 때 성질이 변하지 않는 경우**
  - 미숫가루와 설탕을 섞어도 미숫가루와 설탕의 맛은 그대로 난다.

- **물질을 섞었을 때 성질이 변하는 경우**
  - 붕사, 폴리비닐 알코올, 물을 섞으면 탱탱볼이 되는데, 탱탱볼은 섞기 전 각 물질과는 색깔, 손으로 만졌을 때 느낌 등이 다르다.
    ↳ 탱탱볼은 만지면 말랑말랑하지만 붕사와 폴리비닐 알코올은 까끌까끌하고 물은 흘러내린다.

 탱탱볼은 섞기 전 물질과 성질이 다른 새로운 물질로, 화합물이야!

중 2학년 과학 | 물질의 구성

물질을 구성하는 입자

- **원자**
  - 물질을 이루는 기본 입자
  - (+)전하를 띠는 원자핵과 (-)전하를 띠는 전자로 이루어진다.

- **분자**
  - 독립된 입자로 존재하여 물질의 성질을 나타내는 가장 작은 입자
  - 같은 종류의 원자로 이루어졌더라도 원자의 개수가 다르면 서로 다른 분자이고 성질도 다르다.

 분자가 쪼개져 원자가 되면 물질의 성질이 사라져!

중 2학년 과학 | 물질의 구성

전하를 띠는 입자

- **이온**
  - 원자가 전자를 잃거나 얻어 전하를 띠게 된 입자
  - (+)전하를 띤 이온은 양이온, (-)전하를 띤 이온은 음이온이다.

- **앙금 생성 반응**
  - 특정한 양이온과 음이온이 반응하여 물에 잘 녹지 않는 앙금을 생성하는 반응
  - 앙금 생성 반응을 이용하면 물질에 어떤 이온이 들어 있는지 알 수 있다.

 벌써 배운 내용이네! 중학교 과학도 걱정 없어!

찾아보기

고무 12-24
과산화 수소 83
금 31, 33, 35-36, 40, 50, 52, 56, 60-62, 64
금속 13-24, 37, 39-40, 50, 52, 88, 100
구리 33, 35-37, 39-40, 50-51
네온 80, 88-89, 95
단원자 분자 80, 88-89
물질 12-21, 23-24, 26-27, 30-35, 37, 39-40, 43, 47-56, 62, 64-65, 67, 72, 77-79, 86, 88-89, 98-102
분자 77-86, 88
불꽃 반응 37-40
비소 43, 104
산소 31-37, 40, 42, 50-52, 56, 63, 78-86, 88, 97
산화 철 48, 49
수소 31-33, 35-36, 40, 42, 50-51, 63-65, 72, 78-81, 83, 86, 93
순물질 47-52, 56
실리콘 고무 26-27
아르곤 79-81, 86, 88-89, 95
아이오딘화 납 101-102
알긴산 나트륨 53-56
알루미늄 31, 33, 35-36, 40, 50-52
앙금 생성 반응 99-102, 104

양성자 68-72
양이온 94-95, 97-102, 105
염화 나트륨 35-36, 47-49, 51-52, 56
염화 은 100
염화 칼슘 53-56
오존 84-85
원소 31-37, 39-40, 42-43, 50-53, 56, 62-63
원소 기호 32-33, 40
원자 61-66, 68-72, 76-86, 88, 93-96, 99, 102
원자핵 64-68, 71-72, 93
음이온 94-97, 99-102, 105
이산화 탄소 51-52, 79-82, 86
이온 92-93, 95-102, 104-105
일산화 탄소 82, 86
입자 61-65, 68, 71-72, 77-79, 86, 93-95, 102
전자 64-72, 93-96, 102
전하 66-72, 93-95, 102
제논 88-89
중성자 68, 70-72
질량 65-66, 72
질소 33-34, 36, 50, 52, 78-81, 86
코발트 43
크립톤 88-89

탄소 33-36, 40, 50-51, 70, 79-82, 86, 97
폴로늄 43
플라스틱 14-19, 23-24, 26
헬륨 32, 42, 80, 88-89, 95
혼합물 48-56
홑원소 물질 50-52, 56
화합물 51-56, 104
황화 은 104-105
황화 철 48

퀴즈 정답

1교시

01 ① O   ② X   ③ X

02

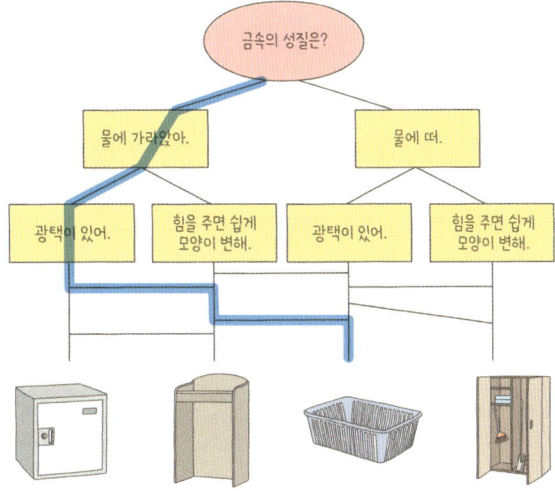

2교시

01 ① X   ② X   ③ O

02

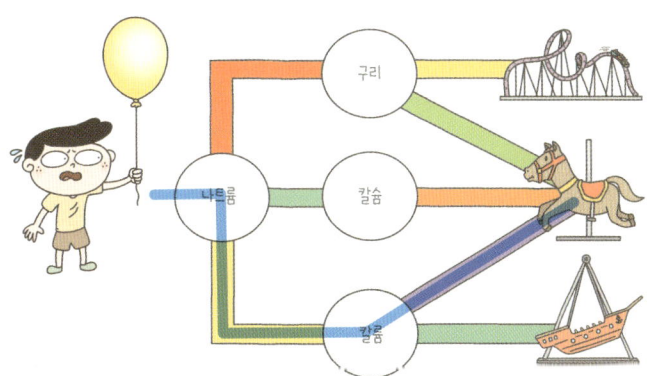

3교시

01 ① ○　② ○　③ ✗

02

☞ 알았다! 장난감은 화 단 에 있어.

4교시

01 ① ✗　② ✗　③ ○

02

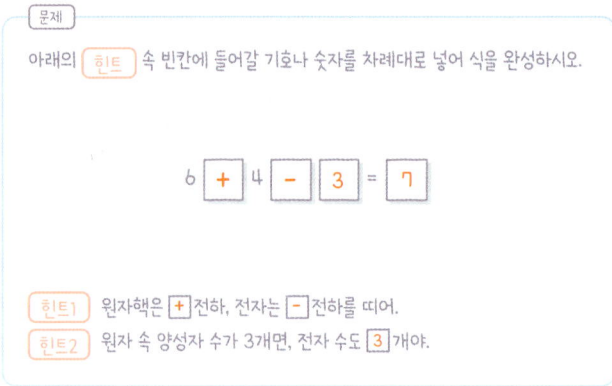

문제: 아래의 힌트 속 빈칸에 들어갈 기호나 숫자를 차례대로 넣어 식을 완성하시오.

6 + 4 - 3 = 7

힌트1 원자핵은 + 전하, 전자는 - 전하를 띠어.
힌트2 원자 속 양성자 수가 3개면, 전자 수도 3개야.

5교시

01 ① O　② X　③ X

02

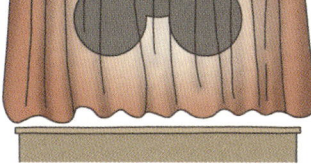

힌트1: 산소 분자를 이루는 원자와 같은 종류의 원자로 이루어졌어.
힌트2: 산소 분자와 달리 많이 들이마시면 폐가 망가져 숨쉬기가 어려워져.

물 분자　　이산화 탄소 분자　　**오존 분자**

6교시

01 ① X　② O　③ O

02

< 연극 의상: 허영심 >
상의 - 아이오딘화 납 앙금
하의 - 염화 은 앙금

가로세로 퀴즈

①❶이	온				②염	화	❷나	트	룸
산							무		
화			③물	❸질					
탄				소			④❹원		소
소						⑤전	자		
			❺혼				핵		
	❻염		합						
	⑥화	합	물						
	은					⑦분			
				⑦양	성	자			

일러두기

- 맞춤법과 띄어쓰기는 국립국어원에서 펴낸 《표준국어대사전》을 따랐습니다.
- 과학 용어 표기는 《2015 개정 교육과정에 따른 교과용도서 개발을 위한 편수자료Ⅲ 기초과학, 정보 편》을 따랐습니다.
- 이 책에 실린 사진은 저작권자로부터 사용 허가를 받았습니다. 저작권자와 접촉하기 위해 최선을 다했으나 불가피한 사정으로 사용 허가를 받지 못한 일부 사진에 대해서는 저작권자와 연락이 닿는 대로 게재 허락을 받고 사용료를 지불하겠습니다.
- 이 책에 실린 그림의 저작권은 별도의 표기가 없는 한 사회평론에 있습니다.

사진 제공

15쪽: 이미지파트너스 | 17쪽: 이미지파트너스 | 18쪽: 이미지파트너스 | 37쪽: 이미지파트너스 | 48쪽: 퍼블릭도메인, Turtle Rock Scientific(Science Source) | 52쪽: Jurtaa(wikimedia commons_CC4.0) | 53쪽: 이미지파트너스 | 54쪽: 이미지파트너스 | 58쪽: Rostislav Zatonskiy(Alamy Stock Photo) | 62쪽: 퍼블릭도메인 | 88쪽: 퍼블릭도메인 | 89쪽: Pslawinski(wikimedia commons_CC2.5) | 96쪽: 이미지파트너스 | 100쪽: Charles D. Winters(Science Source), Alchemist-hp(FAL) | 101쪽: Turtle Rock Scientific(Science Source) | 105쪽: 퍼블릭도메인 | 그 외: 셔터스톡

용선생의 시끌벅적 과학교실 | 물질의 구성

1판 1쇄 발행	2022년 9월 28일
1판 4쇄 발행	2025년 3월 10일
글	송민수, 이명화, 김형진, 설정민
그림	김인하, 뭉선생, 윤효식
감수	노석구
캐릭터	이우일
어린이사업본부	이승필
책임편집	이건혁
편집	정세민, 이명화, 홍지예, 김미화, 최예리, 윤성진, 박하림, 김예린
마케팅	윤영채, 정하연, 안은지, 박찬수, 강수림
경영지원본부	나연희, 주광근, 오민정, 정민희, 김수아, 김승현
아트디렉터	강찬규
디자인	가필드
사진	이미지파트너스
펴낸이	윤철호
펴낸곳	(주)사회평론
전화	02-326-1182
팩스	02-326-1626
주소	03993 서울시 마포구 월드컵북로6길 56 사평빌딩
출판등록	1993년 10월 6일 제 10-876호

© 사회평론, 2022

ISBN 979-11-6273-239-7 73400

- 이 책 내용의 일부나 전부를 다시 사용하려면 저작권자와 사회평론의 동의를 받아야 합니다.
- 잘못 만들어진 책은 바꾸어 드립니다.

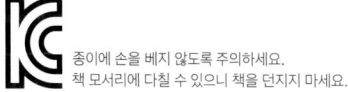
종이에 손을 베지 않도록 주의하세요.
책 모서리에 다칠 수 있으니 책을 던지지 마세요.